革命心理學

烏合之眾的信念與狂熱

THE PSYCHOLOGY OF REVOLUTION

古斯塔夫‧勒龐　Gustave Le Bon ——— 著

葛沁 ——— 譯

一張較少見到的古斯塔夫・勒龐獨照，拍攝年代不詳。

曾有一位貴族侯爵（Marquis de la Soudière）在拜訪勒龐後，如此形容其氣質：「古斯塔夫・勒龐坐在陰影中，離一具友好的骷髏不遠。面容略顯傲慢，額頭寬廣，眼神銳利，有時被一層深思的眼皮遮掩，表情帶有諷刺和嚴肅，聲音清晰而有禮，善於決斷性，流露一種內斂的優越感。……」

圖片來源：Bettmann/Getty images

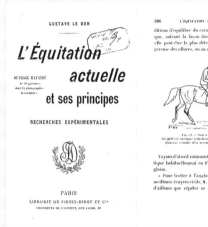

1892年，勒龐險些喪命，他從馬背上摔下，因此開始研究寫就了《現代騎術及其原則》，書中並有多張照片及圖解，後來還為法國軍方認可，納入騎兵教範參考。那個年代的勒龐有時會被形容為一位「百科全書式的人物」，他以觀察及實驗的科學研究者自居；但雖有些著作的前瞻結論當時令人震驚，但勒龐這種自主式的研究難以被學界認可其成果。他曾與愛因斯坦通信，在一次被愛因斯坦責備「未能給出數學程式推理其結論邏輯」、而勒龐回信告知那已是自己觀察實驗的證明後，這兩人的書信往來似乎也中斷。

這些頁面來自法國國家圖書館對此著作的影像收藏。（gallica.bnf.fr / Bibliothèque nationale de France）

| 系列語──作家小傳 |

群眾就像古代神話中的獅身人面像（Sphinx）──除非解
開他們丟出來的謎題，否則就會被他們吞噬殆盡。

──摘自《烏合之眾》〈第 2 章〉

1895 年，百餘年後這個世界仍得以記住古斯塔夫・勒龐這
個名字的《烏合之眾》（原文書名意指「大眾研究」）出版，此時
的他其實已經享譽於國際間（尤其是外交政界），雖然未必見容
於正式的學院機構（沒有正式授予他如院士頭銜或認可他的研究
成果），但已經有他國政要及一些今天我們仍熟知的歷史領導者
注意到這位法國人的傑出洞見，也可以說，這部作品是那個時代
「欲成大事者」正需要會想看的一本書。

就如《自然》（Nature）期刊在勒龐去世後的學人訃聞中形容
的：「法國最傑出且多才多藝的學者之一離開了我們……（作品）
廣受讀者喜愛，並對當代思想產生了廣泛的影響……，或許在法

國以外的地方，他的崇拜者比在自己國內還要多。」

那是個什麼樣的時代？兩次工業革命後的歐洲列國正持續為海外利益及殖民地版圖縱橫捭闔，歐洲之外，美國在西奧多·羅斯福總統任內開始貫徹美洲為自己的勢力範圍，也不忘參與到世界各處的衝突及競合外交事務中；當然，19世紀下半葉開始「明治維新」的日本也加入了帝國主義的新梯隊，可以說，除了工業化國家外的世界資源，都正被重新定義、交換，甚至爭奪。

這批領先的國家更發進取之志，那些陳舊而不符能力要求的君主政體與宗教，行將被迫走下政治主導地位。

時代的思想家們不免想知道：能夠組織動員國家人群的力量源頭為何？而勒龐預示要到來的「群眾時代」又會是什麼景象？

在他的《群眾心理學》一書中，勒龐專注於研究群眾的靈魂……單獨看來，一個個體可能是完全理性的，但一旦成為群眾的一部分，就可能會做出瘋狂的行為。同樣，由非常平庸的個體組成的群眾，也能夠完成令人讚

歎的英雄行為，而這些行為是每個個體單獨來看都無法
做到的。

以上的話語寫於1910年，作者在文末署名為「明治43年，
日本駐聖彼得堡大使 本野一郎」。約五年前，日本剛在世紀初的
日俄戰爭獲勝，進入了西方強權的視野中。

本野後來在1916至1918年間官至日本外務大臣，他也是
《烏合之眾》日文首版譯者。基於外交官本色，他一方面對日本
民眾介紹了這位當代傑出的思想家及其作品，也試圖將其嵌入
了日本國家進程的脈絡之中。他寫道：「這是部非常受歡迎的作
品……也同樣適用於我們最近與俄羅斯的戰爭。如果日本在這場
龐大的事業中獲得勝利，那是因為發動這場戰爭的政府得到了全
體人民的支持。

……在研究現代史時，我們發現，全球各地的下層階級正朝
向政治發展。這是好是壞並不重要，因為這是一個無可否認的事
實，任何人類的意志都無法使其消失。正如勒龐所說，我們已經
進入了群的時代……我們的明治維新本身就是民眾的作品。」

當然，我們站在二十一世紀的今天，回望日本在二戰前後的

軍閥行動及其後果，又不能不嘆息本野在這篇譯書介紹的文章末尾寫給「國家的祝願」：「根據古斯塔夫・勒龐的證明，群眾的行為無論是善是惡，都是依賴於極少數領導者的方向，因此，國家的精英必須掌握這群眾的方向，並且不讓那些在大型民眾運動中常見的狂熱分子來主導。」

除了引介了群眾心理的著作外，本野一郎還翻譯了勒龐1894年另一部受當時國際領導者注目的作品《民族進化的心理法則》（*Psychological Laws of the Evolution of Peoples*）；自然，也是出於對世界上其他民族群眾如何思考的好奇使然，地緣局勢中的「大玩家」們亟欲了解曾實地遊歷南亞中東多地的勒龐看法為何。其中一位玩家就是西奧多・羅斯福。

在一本美國出版的勒龐重要作品合集《古斯塔夫勒龐其人及著作》一書前言中，研究者薇德娜（Alice Widener）述說了這麼一段歷史機緣：

「在1914年6月，美國前總統西奧多・羅斯福因對歐洲戰爭威脅感到深切擔憂，前往歐洲親自了解實際情況。他曾寫信給前法國外交部長加布里埃爾・哈諾塔，請他召集一群傑出的法國思想家，以便提供對當前政治、軍事和經濟狀況的見解。羅斯福特

別要求邀請古斯塔夫‧勒龐博士……。」

　　薇德娜記述，後來勒龐對那次會面寫道：「……總統既聰明又深刻。他穩健而精確的推理使他迅速觸及每個問題的核心。……在談及思想對所有偉大國家領導人的指導作用時，羅斯福用他那犀利的目光盯著我，嚴肅地說：『有一本小書在我所有的旅行中從未離開過我，並且在我擔任總統期間總是放在我的桌子上。這本書就是你的《民族進化的心理法則》』。」

　　除了英日文版，《烏合之眾》還陸續譯出土耳其到阿拉伯語等多種外文版本，外交官和新興國家領導人會關注著勒龐對群眾動力的推論，同時也會吸引一些「欲逐鹿天下者」前來自學——而他們就想成為勒龐筆下得以鼓舞群眾熱情的英雄人物；這之中有幾個人後來變成經常伴隨著這本著作一起出現的名字，也為勒龐遺留了一種特殊的政治聲譽——後世的研究者乃至一般知識群體都不免追問：勒龐的著作是否為獨裁者提供了操弄人群的工具？

薇德娜就指出，「（有一位）在 1895 年前往巴黎的年輕俄國人，深受卡爾‧馬克思啟蒙，對這本書也進行了研究。他的名字是弗拉基米爾‧伊里奇‧烏里揚諾夫（Vladimir llyich Ulyanov），他後來更為人所知的別名是尼古拉‧列寧（Nikolai Lenin）……，在1917年……成為蘇維埃社會主義共和國聯盟的獨裁者。此後，勒龐的書籍便放在列寧的工作桌上，書中有大量段落被重點標記和劃線。」

著有《群眾心理之源：古斯塔夫勒龐與第三共和民主危機》（*The Origins of Crowd Psychology: Gustave LeBon and the Crisis of Mass Democracy in the 3rd Republic*）一書作者奈伊（Rober A. Nye）則評論：勒龐在歐洲的「戰間期」（一二次世界大戰之間）似乎並不理解當時的政治氛圍詭譎；他也沒有提過如法西斯政體使用了類似他在《烏合之眾》中的大眾傳播手段。

奈伊在書中並且呈現了更多史料指出，事實上，勒龐本人也經介紹結識義大利的墨索里尼（Mussolini），還送過他四本自己著作的手稿副本，「1927 年，（一位小說家兼記者）皮耶爾‧尚蘭恩（Pierre Chanlaine）因為正在撰寫一本有關於科學未來主題的書而去採訪墨索里尼，結果墨索里尼鼓勵他去尋求『比我更夠格

的人的意見……例如古斯塔夫‧勒龐。我讀過他所有的作品。我不知重讀過他的《烏合之眾》多少次。這是一部我經常參考的優秀著作』。」

「幾年後，尚蘭恩又出版了另一些與墨索里尼的訪談。墨索里尼輕鬆地從勒龐的著作中徵引理據以支持法西斯主義的學說，這種現象令人驚訝，幾乎成為了一種本能。」奈伊寫道。

自然，人們也聯想到那個世紀把「引領群眾心理」發揮得極致的人物希特勒，後世許多人直接將這位納粹德國的領袖與宣傳技術連結起來，但這方面其實沒有直接的證據，奈伊在其著作中說，「但閱讀《我的奮鬥》的讀者確實會被希特勒在描述群眾行為時使用與勒龐的『典型』群眾行為描述的相似性所打動……希特勒對大眾敏感現象的驚人觀察，可能在勒龐描繪的群眾簡潔肖像中得到了理論上的支持。」——這種「高度相關」卻可能是誤傳的想定，甚至讓一位法國圖書館長及學人博斯克（Olivier Bosc）在評論一本歷史研究著作《希特勒的私人圖書館》（*Hitler's Private Library*）時說，「……我們感到驚訝，因此也感到失望，因為在（希特勒）這些書籍中找不到古斯塔夫‧勒龐的《烏合之眾》。」

不論如何，這些百年後的立場標籤仍無礙於人們對《烏合之眾》一書傳神的解釋了群眾現象充滿讚嘆，並且快速與當世的各種集體行為再次連結，從投資市場的熱潮到各種脫序社會行為的分析，不乏有評論者會言必稱「就如那位著名的法國社會心理學家勒龐著作中說的，當人們集合在一起就如何如何……。」美國著名的哈佛大學社會學家的阿爾波特（Gordon W. Allport）教授描述此書為「或許是社會心理學中最具影響力的書籍」。心理學大師弗洛伊德（Sigmund Freud）則稱其為「對群體心智的精彩描繪」。

三十歲時的勒龐見證了祖國於普法戰爭的慘敗，普魯士軍隊兵臨巴黎，又引致「巴黎公社」的混亂與失序，法國第二帝國覆滅；盛年的他則以知識名流的形象登上事業高峰，《烏合之眾》出版之際到一次大戰前，正是歐洲支配世界，享受空前繁榮，史稱為「美好年代」（Belle Époque）的時日。勒龐定期主辦午宴與一場名為「二十人」的晚宴，著名數學家龐加萊以及日本時任的

駐法大使本野一郎都曾是其座上賓，據奈伊的著作描寫，勒龐在這種沙龍式的智識場域享受著崇高位階，「當某人，無論其地位多麼重要，講話時間超過必要時長，勒龐就會敲響鈴，講話者必須停止他的演講。……勒龐的顯赫賓客們如何容許自己被這個沒有『官方』地位的中年男子如此隨意地欺凌。答案在於美好年代的社交規範。」這段期間的勒龐還負責主編一套叢書，成為知識份子平台的代表人物。

晚年的勒龐則親歷了一次大戰的慘烈，他仍汲汲於關注集體心理的成因與可能危害，他的著作陸續分析了大戰與革命中的人群心理，他還想再研究更多，1931 年元旦前幾天，法國報紙《異議者》（*L'Intransigeant*）的專欄作家伊夫・達圖瓦（Yves Dartois）前來拜訪勒龐，以致上報社的「美好祝願」。在巴黎近郊的宅邸裡，這個老人告訴客人自己的下一部寫作計畫是《歷史哲學的科學基礎》，書的題詞已經想好，「歷史有其原因，而原因卻不為人所知。」

同時，勒龐又自況衰老的他已是個「文盲，……也就是不能讀也不能寫的人。」臨別時達圖瓦相約明年再來看望。

但這是暮年勒龐的最後一個新年。達圖瓦會在那年 12 月接獲

勒龐的死訊，那本歷史哲學書也不會定稿。

《紐約時報》為這位揮別群眾的博學者登出訃聞：「……突然間，似乎一種寂靜籠罩了古斯塔夫・勒龐，儘管世界已經向他的天才致敬。」

目錄

第一部分　革命運動的心理元素

第1篇　革命的一般特徵

第2篇　革命期間普遍存在的心態

第二部分　法國大革命

第1篇　法國大革命的起源

第**2**篇　在革命期間活躍的理性、情感、神祕和集體影響

第**3**篇　傳統影響與革命原則之間的衝突

第三部分　革命原則的近期演變

Introduction

導言｜歷史的重新審視

　　當今的時代不僅是一個探索的時代，也是一個審視修正各種知識的時期。在認知到無法找到任何現象的初始起源後，開始重新審視那些被視為真理的古老科學概念，並證明了它們的脆弱。如今，科學目睹其古老原則一個接一個地消失。機械學正失去其公理原則，而物質，曾經被認為是世界的永恆基底，如今變質為短暫力量的簡單集合，暫時凝結在一起。

　　儘管歷史具有推測性質，因此在某種程度上逃避了最嚴厲的批評，但歷史並未能擺脫這種普遍的修正。在歷史的各個階段中，我們不能再說沒有任何一個階段是確定已知的。那些看似確鑿無疑的東西，現在卻又再次受到質疑。

　　經過幾代作家的分析，許多事件已經完成研究，如法國大革命，人們可能會認為這些事件已經獲得完美的闡釋。除了某些細節修改，還能發展出什麼新內容呢？

然而，曾經是最積極的捍衛者也開始對自己的判斷猶豫不決。古老的證據並非無懈可擊。人們對曾經被視為神聖教條的信仰開始動搖。最新的革命文獻曝露了這些不確定性，也使人們越來越不敢輕易下結論。

人們不僅對這場偉大戲劇中的英雄進行了毫不留情的討論，思想家還追問，舊制度瓦解後出現的新制序是否會在文明進步的過程中自然而然地建立起來，而無須使用暴力。如今的成果似乎與革命付出的巨大代價不成比例，也與從歷史引發的遠期後果相去甚遠。

導致這個悲劇時期修訂的原因有幾個。時間已經平息了激情，許多文件逐漸從檔案中浮現，而歷史學家正在學習獨立地解讀這些文件。

但是，也許是現代心理學對我們的觀念產生了深刻的影響，使我們能更準確地解讀大眾行為背後的動機。

在心理學那些可被應用於歷史研究的發現中，最重要的是：更深入的理解祖先的影響、支配群體行為的法則、關於人格解體的資料、心理感染、無意識的信仰形成，以及各種形式邏輯之間的區別。

　　坦白地說，本書所使用的這些科學應用，以往鮮少被運用於歷史研究。歷史學家通常只止步於文獻的研究上，而即使光是文獻研究，就足以引發我之前提到的那些疑慮。

　　塑造人民命運的重大事件，例如革命和宗教信仰的興起，有時難以解釋，只能限於單純的陳述。

　　從我開始研究歷史以來，我就一直對某些現象難以理解的面向感到震撼，尤其是在信仰的起源方面；我堅信，在解釋這些現象方面，缺少了一些根本性的東西。理性已經表達了它能表達的一切，不能再對它抱有更多期待，必須尋求其他方法來理解那些尚未被闡明的事物。

　　在很長一段時間裡，這些重要問題對我來說依然模糊不清。為了研究已經消失的文明遺跡，我跋涉千里，但未從中得到什麼啟發。

　　經過不斷思考，我不得不意識到這個問題是由一系列其他問題組成的，我必須對這些問題進行單獨研究。為此，我花了二十年的時間，將我的研究成果陸續整理成冊。

　　其中一個首要的研究，是致力於研究人民心理演變的法則。在證明了歷史民族，也就是那些因歷史的偶然因素而形成的民

族，最終獲得了與解剖學特徵一樣穩定的心理特徵之後，我試圖解釋人民如何轉變其體制、語言和藝術形式。在同一著作中，我也解釋了為什麼在突發的環境變化影響下，個體的性格可能會完全解體。

然而，除了由人民所形成的固定集體之外，還存在著一些具行動性、暫時的集體，即我們所知的群眾。這些群眾或暴民，正是歷史上重大活動得以實現的工具，他們的特性與構成他們的個體完全不同。這些特徵是什麼，又是如何演變而來的呢？我會在《烏合之眾》（*The Crowd: A Study of the Popular Mind*）一書中深入探討。

只有在進行這些研究之後，我才開始察覺到之前未曾注意到的影響。

但這還不是全部。在最重要的歷史因素中，有一個因素是最重要的，那就是信念。這些信念是如何產生的？它們真的像人們長期以來所教導的那樣理性和自願嗎？難道它們不是無意識的、獨立於一切理性之外的嗎？我在上一本書《觀點與信仰》（*Opinions and Beliefs*）中討論過這個難題。

只要心理學認為信念是自願和理性的，它們就一直無法被解

釋。在證明了它們通常是非理性的、而且總是非自願之後，我才能夠提出這項重要問題的解決方案：為什麼任何理性都無法證明的信念，卻能夠被各時代最開明的精神所接受。

長久以來一直在尋求的歷史難題的解決方案從此變得顯而易見。我最終得出結論，除了制約思想的理性邏輯（過去被視為我們唯一指南）之外，還存在著非常不同的邏輯形式：情感邏輯、集體邏輯和神祕邏輯，它們通常會凌駕於理性之上，並產生我們行為的衝動。

這一事實已得到證實，在我看來，如果人們無法理解大多數的歷史事件，那是因為我們試圖根據一種邏輯來解釋它們，而實際上這種邏輯對它們的起源影響甚微。

所有的研究，在這裏只用幾行文字總結，實際上是花了長久的歲月才完成。對於能否完成它們，我曾感到絕望，不只一次想要放棄，回到實驗室的工作中。至少在那裡，我們總是能確定自己是接近真相的，至少能獲得一些確定的部份結果。

探索物質現象非常有趣，但解讀人類卻更為有趣，因此我一直被引導回到心理學的領域。

　　從我的研究中推導出的某些原則，似乎很可能產生豐碩的成果，於是我決定將它們應用於具體實例的研究，並由此開始研究革命的心理學，尤其是法國大革命這段期間的心理學。

　　隨著深入分析法國大革命，我先前那些奠基於書本知識的觀點，即使曾經被我視為不可動搖的真理也逐漸瓦解。

　　要解釋這一時期，我們必須像許多歷史學家所做的那樣，將其視為一個整體。它是由同時發生、但又相互獨立的現象組成的。

　　法國大革命的每個階段都是由心理法則所引導的事件，這些法則的運作像鐘錶一樣規律。在這場大戲中，演員們似乎像是預先確定劇本的角色一樣活動。每個人都說他必須說的話，做著他必須做的事。

　　當然，革命劇中的演員與書面劇本的演員不同，他們並未研究過他們的角色，但這些角色是由無形的力量所決定的。

　　正因為他們進入了無法理解的歷史進程，我們會發現這些人和我們一樣，對於自己成為英雄的事件感到訝異。他們從未懷疑過迫使他們採取行動的無形力量。他們既不是憤怒的主宰，也不是軟弱的主人。他們以理智的名義說話，假裝自己受理智的指引，但實際上驅使他們絕不是理性。

　　法國大革命恐怖統治時期重要人物，也擔任律師的比約・瓦倫（Billaud Varenne）寫道：「我們受到嚴厲責難的那些決定，通常不是在兩天前、甚至一天前就有意或期望做出的，只有危機才會引發這些決定。」

　　我們並非一定要把革命事件視為是一種不可抗拒的宿命。讀過我們作品的讀者都知道，我們認為具有卓越特質的人可以避免致命事件的發生。但是，他只能從少數宿命中解脫出來，在一連串重大事故面前往往無能為力，而這些事件甚至在發生之初就幾乎無法控制。科學家知道如何在微生物行動之前將其消滅，但他知道自己無力阻止疾病的蔓延。

　　當任何問題引起激烈的意見分歧時，我們可以確定的是，它屬於信仰的範疇，而不是知識的範疇。

　　我們在前一部著作中已經說明，信仰源於無意識，獨立於一切理性，永遠不會受到理性的影響。

　　革命是信徒們的事業，很少被信徒以外的人評判。它受到一些人的唾棄，也受到另一些人的讚美。至今，革命仍是那些被整體接受或否定的教條之一，理性邏輯在其中從未發揮作用。

　　宗教或政治革命，儘管在初期可能得到理性因素的支持，但

它的發展卻完全仰賴神祕和情感因素的助力，而這些因素與理性全然背道而馳。

那些運用理性邏輯評判法國大革命的歷史學家其實無法理解這件事，因為已經超脫理性思考的範疇。由於法國大革命的參加者對此事件理解甚少，那麼我們說這場革命現象既被發動者誤解，也被描述者誤解，恐怕也差不到哪裡去。在歷史上，從未有哪個時期的人們如此不了解當下，如此忽　過去，如此拙劣地預測未來。

這場革命的力量並不在於它試圖宣揚的原則（就這方面而言，這些原則一點都不新穎），也不在於它試圖建立的制度上。人民很少關心制度，更不在乎教條。法國大革命的確具有強大力量，它使法國接受了暴力、謀殺、毀滅以及可怕的內戰浩劫，最終也成功地戰勝武裝起來的歐洲，這一切都歸因於它創立的不是一種新的政府體制，而是一種新的宗教。

歷史告訴我們，堅定信念的力量是多麼不可抗拒。無敵的羅馬帝國在遊牧民族大軍面前不得不屈服在穆罕默德的信仰之下。基於同樣的原因，歐洲各國國王也無法抵抗法國國民公會（Convention）那些衣衫襤褸的士兵。就像所有使徒一樣，他們甘願為宣

揚信仰而犧牲自己，因為在他們的夢想裡，這些信仰會使世界煥然一新。

這樣建立起來的新興宗教雖然不像其他宗教那樣歷久彌新，卻同樣具備強大的力量。它雖然消亡了，但卻留下了無法磨滅的印記，其影響力至今依然存在。

我們不會像革命的使徒那樣，認為法國大革命是對歷史的一次清理。我們知道，為了表明他們創造一個不同於舊世界的意圖，他們開創了一個新時代，並宣稱要完全斷絕與過去的一切痕跡。

但過去永不消逝。它存在於我們心中，甚至比外在環境更為真實。革命的改革者非但沒有擺脫過去的影響，反而充斥著舊時代的痕跡。他們所做的，只是用不同的名號延續著君主制的傳統，甚至變本加厲地強化了舊制度的獨裁和中央集權。曾任法國外交部長，也是法國重要的思想家與歷史學家艾力克斯・托克維爾（Alexis de Tocqueville）毫不費力地證明了法國大革命所做的，不過是推翻了即將倒塌的舊事物而已。

如果說法國大革命實際上只摧毀了很少的東西，但它卻促進了某些思想的萌芽，並會在未來繼續發展壯大。

雖然法國大革命所宣揚的博愛與自由並沒有真正打動民心，但平等卻成了他們的福音，成為社會主義和現代民主思想演變的核心。因此，我們可以說革命並未隨著帝國的來臨或隨後的復辟而結束。它在暗中或在光天化日之下緩緩展開，至今仍影響著人們的思想。

這本書的大部分內容都致力於研究法國大革命，這或許會讓讀者產生不止一次的錯覺，因為本書向讀者證明了記述大革命歷史的書籍，實際上充滿了與現實相去甚遠的傳說。

這些傳奇故事無疑比歷史本身更具生命力。對此，也不必覺得太過惋惜。或許只有少數哲人才會對真相感興趣，對人民來說，他們永遠更喜歡夢想。這些夢想濃縮了他們的理想，將永遠成為強大的行動力來源。正如法國作家豐特奈爾（Fontenelle）所說，如果沒有虛幻的想法支撐，人們可能就會失去勇氣。貞德、國民公會的巨人、帝國史詩等等，所有這些過去時代的燦爛形象，在遭受失敗後的黑暗時刻，都將永遠成為希望的源泉。它們構成了父輩留給我們的那份幻覺遺產，其力量往往大於現實。總之，夢想、理想、傳說等非現實的東西，正是塑造歷史的力量。

PART. 1
革命運動的心理元素

THE PSYCHOLOGICAL
ELEMENTS OF
REVOLUTIONARY MOVEMENTS

第一篇
革命的一般特徵

第一章

科學與政治革命

1. 革命的分類

我們通常將「革命」一詞應用於突然的政治變革,但這個詞也可以用來表示所有突然的轉變,或者看似突然的轉變,無論是信仰、觀念還是教義的變化。

我們之前已經詳細討論過理性、情感和神祕等因素在形塑觀點和信念時,如何影響我們的行為。因此,在此便不再贅述。

　　一場革命最終可能演變成一種信念，但它往往是在完全理性的動機下開始，例如壓制令人髮指的濫權行為、令人厭惡的專制政府，或是推翻不得民心的君主等等。

　　雖然革命的起因可能完全基於理性，但我們絕不能忘記，在準備革命的過程中，所援引的理由唯有轉化成情感，才能影響群眾。理性邏輯可以指出需要消滅的弊端，但要撼動群眾，就必須喚醒他們的希望。而這只能透過激發情感和神祕因素來實現，因為這類因素賦予人們行動的力量。以法國大革命為例，當時哲學家運用理性邏輯論證了舊制度的弊端，進而激起了大眾渴望改變的慾望。神祕的邏輯鼓舞人們相信一個按照特定原則所創造的社會美德的信仰，情感的邏輯則解開了被世俗枷鎖禁錮的激情，因而導致了最嚴重的暴行。在俱樂部和議會裡，集體邏輯主導一切，驅使成員採取了既非理性、非情感、也非神祕邏輯所能引導他們去做的行動。

　　任何革命，不論其起因為何，唯有扎根於群眾的靈魂才會產生影響。此時，事件的發展將會受到群眾獨特的心理影響，而呈現出特殊樣貌。因此，民眾運動往往具有非常鮮明的特徵，只要理解其中一個，我們就能夠理解其他所有類似的運動。

　　因此，群眾是革命的執行者，但不是其起點。群眾猶如一個沒有形狀的存在，如果沒有領導者引領，群眾既無法作為，也無意志可言。它會迅速擴大最初接收到的衝動，但它永遠無法自行創造這樣的動力。

　　給歷史學家帶來最強烈衝擊的政治革命往往是最不重要的。偉大的革命，其實是風俗習慣和思想的革命。改變一個政府的名稱，並不能改變人民的心態。推翻一個民族的制度，並不等於重新塑造其靈魂。

　　真正的革命，也就是那些徹底改變人民命運的革命，往往進行得如此緩慢，以至於歷史學家都難以辨別其開端。因此，「進化」一詞遠比「革命」更為恰當。

　　雖然我們已經列舉了各種因素，說明如何出現在大多數革命的形成過程中，但這些因素並不足以為革命進行分類。若僅考慮既定的目標，我們可以將革命劃分為科學革命、政治革命和宗教革命。

2. 科學革命

　　科學革命是迄今為止最重要的革命。雖然科學革命很少引起

人們的注意，但它們往往會帶來深遠的影響，遠遠超出政治革命所能引發的結果。因此，我們將科學革命放在首位，儘管我們無法在此深入探討。

舉例來說，如果我們對宇宙的認知，自革命時代以來已經發生了深刻的變化，那是因為天文學的發現以及實驗方法的應用已經對它們產生了革命性的影響。我們不再認為現象是由神靈的喜怒無常所決定，而是由恆常的定律所支配，這正是這些發現和方法所帶來的示範。

這種革命正好被稱為「進化」，因為它們的進程緩慢。然而還有一些變革，雖然性質相同，但因其發生迅速，因此可以稱之為「革命」。例如達爾文的進化論，在短短幾年內顛覆了整個生物學；巴斯德的發現，在有生之年徹底革新了醫學；以及物質解離理論，證明了先前認為永恆的原子，也逃脫不了宇宙萬物衰敗與毀滅的定律。

這些思想領域的科學革命純粹是知識性的。它們不受我們的情感和信念影響，人們在不討論的情況下接受它們。由於其結果可以用經驗加以控制，因此它們免於所有的批評。

3. 政治革命

在這些推動文明進步的科學革命之下，與之相距甚遠的是宗教和政治革命，它們與科學革命毫無關係。科學革命完全源於理性因素，而政治和宗教信仰則幾乎完全由情感和神祕因素支撐。理性在它們的形成過程中只扮演著微不足道的角色。

我在《觀點與信仰》（*Opinions and Beliefs*）一書中用了相當長的篇幅來論述信仰的情感性和神祕性，指出政治或宗教信仰本質上是潛意識建構出的信心，即使表面上看似如此，理性也無法掌控它。我還指出，信仰的強度往往會達到沒有任何東西可以與之抗衡的程度。被信仰催眠的人變成了使徒，隨時準備為信仰的勝利犧牲自己的利益、幸福甚至生命。對他來說，信仰的荒謬性並不重要，它是熾熱的現實。源於神祕的信念擁有完全支配思想的神奇力量，並且只會受到時間的影響。

任何被視為絕對真理的信念，必然會因為這個特性而變得不容異己。這就解釋了為什麼在偉大的政治和宗教革命中，尤其是在宗教改革和法國大革命中，暴力、仇恨和迫害總是如影隨形。

如果我們忘記了信仰的情感和神祕起源，忘記了它們必然的不容異己，忘記了當它們相互碰撞時無法調和的特性，最後忘記

了神祕信念賦予為其服務的情感的力量，那麼法國歷史的某些時期仍將無法被理解。

前述的概念還過於新穎，尚未能改變歷史學家的心態。他們仍將試圖用理性邏輯來解釋一系列與之無關的現象。

像宗教改革這樣的事件，在長達五十年的時間裡席捲了整個法國，但這絕不是理性的因素所決定的。然而，即使在最新的著作中，也總是引用理性的影響來進行解釋。因此，在法國歷史學家歐尼斯特・拉維斯（Ernest Lavisse）和阿弗瑞德・蘭博（Alfred Rambaud）合力編纂的《通史》（Histoire Générale）中，提出對宗教革命的解釋：

「這是一場自發的運動，從閱讀福音書和自由的個人思考中產生，並在極為虔誠的良心和大膽的思辨能力啟發下，各自獨立地進行思考所產生的結果。」

與這些歷史學家的論點相反，我們可以確定地說，首先，這種運動從來都不是自發的，其次，理性在其發展過程中沒有任何作用。

政治和宗教信念之所以能撼動世界，其力量正源於此：它們出自於情感和神祕的要素，既不是理性所創造，也不是理性所能掌控。

政治或宗教信仰擁有共同的起源，並遵循相同的法則。它們的形成並非藉助理性，反而更常違背所有理性。佛教、伊斯蘭教、宗教改革、雅各賓派（Jacobinism）、社會主義等等，乍看之下似乎是截然不同的思想形式。然而，它們卻有著相同的「情感」與「神祕」基礎，並且遵循著與理性邏輯毫無關聯的另一套邏輯。

政治革命可能源於人們心中的信念，但許多其他因素也會促成革命的發生。所有這些因素都可以用「不滿」這個詞來概括。一旦不滿情緒普遍化，就會形成一股勢力，而這股勢力往往會壯大到足以對抗政府。

一般來說，不滿情緒必須經過長時間的累積才能產生影響。因此，革命並不總是代表一種正在結束的現象，緊接著另一種正在開始的現象，而是一種持續的現象，只是發展速度有所加快。然而，所有現代革命都是突然發生的運動，導致政府瞬間被推翻。例如，巴西革命、葡萄牙革命、土耳其革命和中國革命都是如此。

乍看之下可能令人意外，但非常保守的人民反而容易訴諸最
激烈的革命。由於保守的本質，他們無法慢慢進化或適應環境變
化，因此當差異變得過於極端時，他們必須突然改變。這種突然
的進化就構成了一場革命。能夠逐步適應的人民，也未必能逃脫
革命。1688年的英國，正是透過一場革命，才得以結束持續了近
一個世紀的拉鋸戰。當時，君主企圖建立絕對君主制，而人民則
主張透過代表議會來治理國家。

偉大的革命通常始於頂層，而非底層；然而，一旦大眾被解
放，革命的力量就來自於人民。

很顯然的，革命的成功絕非一蹴可及，也必然需要軍隊中重
要勢力的支持。法國王室的消亡並非路易十六被送上斷頭台的那
一天，而是當他的軍隊叛變，拒絕保衛他的那一刻，王室才真正
覆滅。

軍隊叛變往往像是精神上的傳染，士兵內心對既有體制沒什
麼好感，但也不至於主動反抗。一旦少數軍官聯合起來成功推翻
土耳其政府後，希臘軍官就萌生了仿效的念頭，想要改變自己的
政權，儘管兩種政權之間沒有任何相似性。

軍事政變或許可以推翻政府。像是在西班牙共和國，政府幾

乎都難逃此種命運。但如果革命要產生重大結果，它就必須一直以普遍的不滿和普遍的希望為基礎。

除非它是普遍且過度的不滿，否則僅靠不滿情緒並不足以引發一場革命。領導一小撮人去掠奪、破壞和屠殺是容易的，但要鼓舞整個民族，或者該民族的大部份人，需要領導者持續或反覆的鼓動。這些領導者會誇大不滿情緒；他們會說服不滿分子，讓不滿者認為政府是所有問題的唯一原因，特別是當下的匱乏，並向人們保證他們提出的新制度將創造幸福的時代。這些想法開始萌芽，藉由暗示和傳染而傳播開來，最終迎來革命的成熟時刻。

基督教革命和法國大革命都以這種方式被醞釀出來。然而，法國大革命之所以能在幾年內成功，而基督教卻需要許多年的原因，主要在於法國大革命一開始就擁有一支武裝力量，而基督教則花了很長時間才獲得世俗權力。起初，它的信徒只有社會底層、窮人和奴隸，他們滿懷熱情，憧憬著自己悲慘的生活將轉化成永恆的喜樂。歷史上不乏類似的例子，一種新興教義憑藉著由下而上的傳染現象，最終滲透到上層社會。然而，即便如此，一位皇帝往往需要很長一段時間才會認為新信仰足夠普及，進而將其定為官方宗教。

4. 政治革命的結果

當一個政黨取得勝利後，它自然會試圖按照自己的利益來組織社會。這種組織形式會因為革命是由士兵、激進派還是保守派等不同階層發起而有所不同。

新的法律和制度將取決於勝利黨派，以及協助它成功的階級之利益，例如教士階層。

如果革命只有在經過激烈的鬥爭後才取得勝利，就像法國大革命那樣，勝利者將會徹底拋棄舊有的法律體系，支持舊政權的人將會受到迫害、流亡或被消滅。

在這些迫害中，當勝利的政黨除了捍衛物質利益外，還要捍衛信仰時，暴力就達到了極致，戰敗者也不必期望得到任何憐憫。這就可以解釋西班牙驅逐摩爾人、宗教裁判所的火刑、國民公會的處決，以及最近法國針對宗教團體的法律皆是如此。

勝利者所掌握的絕對權力，有時會導致他們採取極端措施，例如「國民公會」的法令規定以紙幣取代黃金，並以指定價格出售商品等。然而，這種權力很快就會撞上一堵無法迴避的必要之牆，民意將會轉向反對其暴政，最終使其在攻擊面前毫無防備，

就像法國大革命末期所發生的事情一樣。最近,類似的事情也發生在澳洲一個幾乎完全由工人階級所組成的社會主義政府中。這個政府制定了一些荒謬的法律,並給予工會非常多的特權,導致民意一致反抗,最終在短短三個月內就被推翻了。

但是我們之前考慮的案例都是特例。大多數革命的發生,都是為了讓一位新的統治者掌權。這位新統治者非常清楚維持權力的首要條件,不是過度偏袒任何單一階級,而是要試圖去安撫所有階級。為了做到這一點,他將會在這些階級之間建立某種平衡,以免被任何一方所支配。如果允許一個階級成為支配階級,就等於變相承認它是自己的主人。這是政治心理學中最確定的一條法則。法國國王非常清楚這一點,因此他們才如此費力地先抵抗貴族,以及後來神職人員的侵權行為。如果他們不這樣做,他們的命運就會像中世紀的德國皇帝一樣,被教皇逐出教會,像卡諾薩的亨利四世一樣,不得不進行朝聖,謙卑地向教皇請求寬恕。

這個法則在歷史進程中不斷獲得驗證。在羅馬帝國末期,軍事階層佔據了統治地位,皇帝完全依賴士兵,而士兵則可以隨意任命和罷免皇帝。

法國長期以來由一位幾乎擁有絕對權力的君主統治,這位

君主被認為擁有神授權力，因此享有崇高威望。這對法國來說，是一個巨大的優勢。如果沒有這樣的權威，他既無法控制封建貴族、神職人員，更無法控制議會。如果波蘭在十六世紀末期也擁有一個絕對且備受尊重的君主，就不會走向衰落之路，以至於從歐洲地圖上消失。

我們在本章中已經說明，政治革命可能伴隨著重要的社會變革。我們很快就會看到，與宗教革命相比，這些變革是多麼微不足道。

第二章

宗教革命

1. 研究宗教革命有助於理解政治革命

這本著作的一部份將致力於探討法國大革命。法國大革命充滿了暴力事件，而這些暴力事件自然有其心理成因。

這些特殊的事件總是讓我們感到驚訝，甚至覺得無法解釋。然而，如果我們考慮到法國大革命是一種新的宗教，它必須遵守所有信仰的傳播規律，那麼這些事件就變得清楚明白了。它的憤怒和大屠殺也會變得可以理解。

在研究宗教改革的歷史時，我們發現，某些心理因素同樣發生在法國大革命。在兩者之中，我們觀察到以下共同之處：信仰的理性價值對其傳播的影響力微乎其微、迫害無法消弭信仰、不同信仰難以共存，以及不同信仰所引發的暴力與鬥爭是不可避免的。此外，一些與信仰毫無關聯的利益集團也開始利用信仰。因

此，我們深刻理解，如果不改變大眾的生活方式，就無法改變他們的信念。

這些現象得到證實後，我們將清楚地看到，為什麼革命的福音會像所有宗教福音，尤其像是著名神學家喀爾文（Calvin）的福音採用相同的傳播方法。它不可能以其他方式傳播。

然而，宗教革命（例如宗教改革）和偉大的政治革命（例如我們自身經歷的革命）在起源上雖然有著相似之處，但影響卻截然不同，這也解釋了它們表現在持續時間上的差異。在宗教革命中，即使信徒被欺騙了，他們也無法透過任何經驗揭穿謊言，因為唯有死後上天堂才能發現真相。然而在政治革命中，經驗會迅速揭露錯誤的教條，迫使人們放棄它。

因此，到了督政府（譯註：1795年至1799年之間的法國政府）執政末期，雅各賓派的信仰導致法國陷入嚴重的毀滅、貧困和絕望，以至於最狂熱的雅各賓派自己也不得不放棄他們的制度。他們的理論除了少數無法用經驗證實的原則，例如平等應該賦予人類普遍幸福之外，其他的一切最後都蕩然無存。

2. 宗教改革的開端及首批門徒

宗教改革最終對大部份人類的情感和道德觀念產生了深遠的影響。宗教改革一開始是溫和的，起初只是單純反對神職人員的濫權，並且從實用的角度來看，是一種回歸福音教義的運動。它從未像某些人所宣稱的，革命是對思想自由的追求。喀爾文和雅各賓派領袖羅伯斯比爾（Robespierre）一樣不容忍，當時所有的理論家都認為，臣民的宗教信仰必須服從治理他們的君主。事實上，在宗教改革建立的每一個國家，君主都取代了羅馬教皇，擁有相同的權利和力量。

在法國，由於缺乏宣傳和溝通手段，新信仰的傳播起初十分緩慢。大約在1520年左右，路德招募了一些信徒，並且直到1535年左右，新興的信仰才廣泛傳播，人們才覺得有必要燒死這新興信仰的追隨者。

根據眾所周知的心理學定律，這些處決行動反而助長了宗教改革的傳播。它的第一批追隨者雖然包括了神職人員和法官，但主要還是一些默默無聞的工匠。他們的皈依幾乎完全是通過精神傳染和暗示而實現的。

　　一種新的信仰一旦廣泛傳播，我們就會看到許多對該信仰漠不關心的人，聚集在其周圍，他們在這之中找到滿足自己激情或貪婪的藉口或機會。許多國家在宗教改革時期都曾出現這種現象，特別是德國和英格蘭。

　　神學家路德告訴大眾，神職人員不需要財富，這讓許多德國領主發現有利可圖之處，那就是沒收教會財產。亨利八世也透過類似的手段致富。這些經常受到教宗騷擾的君主，通常都樂見一種能將宗教權力加諸政權之上的教義，讓他們每個人都變成一位教宗。宗教改革非但沒有削弱統治者的專制主義，反而使其愈演愈烈。

3. 宗教改革教義的理性價值

　　宗教改革顛覆了整個歐洲，幾乎毀掉了法國，在長達五十年的時間裡，法國一直是宗教改革的戰場。從理性的角度來看，如此不起眼的原因，竟能造成這麼重大的影響，實屬罕見。

　　這裡有無數的證據證明，信仰的傳播與所有的理性無關。那些激起人們激烈情緒的神學教義，特別是喀爾文的教義，甚至都不值得用理性邏輯來審視。

　　路德非常關心自己的救贖，對魔鬼過度恐懼，而他的懺悔者也無法消除這種恐懼，於是他尋求最可靠的方法來取悅上帝，以避免下地獄。

　　他先是否認教皇有權出售贖罪券，接著又完全否定了教皇和教會的權威，譴責宗教儀式、懺悔和對聖人的崇拜，並宣稱基督徒除了聖經之外，不應有其他行為規範。他還認為，沒有上帝的恩典，任何人都無法得到救贖。

　　最後一種理論，被稱為「宿命論」，在路德的思想中相當不明確，但喀爾文卻準確地闡述了此向理論，並將其作為大多數新教徒至今仍信奉的教義之基礎。根據他的說法：「亙古以來，上帝已經預先指定某些人將被火焚燒，而另一些人則會得救。」為什麼會有這種駭人的不公平？簡單來說，就是「因為這是上帝的旨意」。

　　根據喀爾文的觀點，他實際上只是進一步發展了聖奧古斯丁（St. Augustine）的某些主張，一個全能的上帝會以創造生物來自娛，僅僅為了讓他們在永恆中燃燒，而不理會他們的行為或功德。這種令人反感的瘋狂能夠在如此長的時間內奴役大眾人心，

這實在是令人驚訝。更令人驚訝的是，現在依然如此。[1]

喀爾文的心理與羅伯斯比爾的心理不無相似之處。與羅伯斯比爾這位純粹真理的大師一樣，喀爾文將那些不接受教義的人處以死刑。他宣稱上帝希望，「為了維護祂的榮耀而奮鬥時，人們應該拋開所有仁慈」。

喀爾文及其門徒的例子表明，在被信仰催眠的心靈中，那些理性上最矛盾的事物可以完美地調和。根據理性的邏輯，似乎不可能在宿命論的基礎上建構道德，因為無論人們做什麼，他們都確定會得救或被詛咒。然而，喀爾文毫無困難地在這個完全不合

---

[1] 新教教義仍在講授宿命論，以下摘自我寄往愛丁堡的最新版官方教理問答，即可證明：

「根據上帝的旨意，為了彰顯祂的榮耀，有些人和天使被預定得永生，有些人和天使被預定永死。」

「這些天使和人，都是這樣被預定和預言的，是特別且不可改變的設計；他們的數量是如此確定和明確，以至於不能增加也不能減少。」

「神在創立世界以前，照著祂永恆不變的旨意，和祂旨意所隱藏的忠告與美意，在基督裡揀選了人類中預定得永生的人，使他們得著永恆的榮耀，這完全是出於祂全然的恩典和慈愛。祂揀選他們並不是預見到他們的信心、善行、或在這些事上的忍耐，或任何受造之物裡面的因素，作為促使祂揀選他們的條件或緣由；這一切都是要頌揚祂榮耀的恩典。」

「承蒙上帝揀選得著榮耀的人，祂也通過他意志的永恆和最自由的目的，預定了所有通往這個目的的手段。因此，那些被揀選的人，雖然在亞當裡墮落，卻因著基督得蒙救贖；藉著聖靈在適當的時候運行，他們被有效地召向對基督的信仰；因著信仰，他們被稱義、被接納為兒女、成聖，並且靠著祂的能力蒙保守得著救恩。唯有被揀選的人，才能因著基督得救贖、被有效地呼召、被稱義、被接納為兒女、成聖和得救。」

邏輯的基礎上建立了極其嚴格的道德規範。他的弟子認為自己是
上帝的選民，驕傲和自尊心膨脹到極致，認為自己有義務成為行
為的楷模。

4. 宗教改革的傳播

這個新興信仰的傳播並非透過言語，更不是透過推理過程
來傳播，而是透過我們先前作品中所描述的機制：也就是透過肯
定、反覆宣揚、精神傳染和威望的影響來傳播。後來，革命思想
以同樣的方式，在法國傳播開來。

正如我們先前所述，迫害反而有利於該信仰的傳播。就像基
督教會早期，每次處決都會促成新的皈依。被判處火刑的國會議
員安‧杜布爾格（Anne Dubourg）在前往行刑的路上，呼籲人群
皈依該信仰。一位目擊者說：「他的堅持遠比喀爾文的作品，更
能使學院裡的年輕人皈依新教。」

為了防止死刑犯在行刑前對大眾傳播教義，他們的舌頭在被
燒死之前就被割掉了。劊子手用鐵鏈拴住受刑者，使他們能夠連
續幾次將犯人投入火中並抽出，從而增加受刑者的恐懼程度。

即使經歷了殘忍的迫害，在特赦之後，這群新教徒依舊不讓

步，絕不妥協。

1535年，法國國王弗朗索瓦一世（Francis I）背棄了他先前奉行的寬容政策，下令在巴黎同時點燃六處火刑台。國民公會將死刑執行地點集中在一個地方，減少了執行死刑的範圍。然而，我們無法得知受刑者在死刑執行時所承受的痛苦。歷史上，許多基督教殉道者在極端痛苦的情況下依然能夠保持鎮定，這早已不是新鮮事。信徒往往深受信仰的影響，達到催眠般的狀態，而現今我們也知道，某些形式的催眠確實能讓人對疼痛變得麻木。

新興的信仰迅速發展。到了1560年，法國各地已經有兩千座改革派教會，許多原本持觀望態度的貴族大人物，也加入了這個新的教派。

5. 不同信仰之間的衝突、零容忍

我先前已經提過，強大的宗教信仰往往沒有包容力。政治和宗教革命提供了大量證據來證明這一事實，並且也告訴我們，同一宗教的內部教派間幾乎無法相互容忍，通常比伊斯蘭教與基督教這些遙遠而陌生的不同信仰間的互不容忍更加嚴重。實際上，如果我們考慮那些曾長期使法國四分五裂的信仰，我們會發現它

們在主要觀點上並無分歧。天主教徒和新教徒崇拜的是同一位上帝，他們的差異僅在於崇拜的方式不同。假如理性在他們建構信仰的過程中扮演極微小的角色，那麼理性很容易就能向他們證明，上帝對於人類的崇拜方式根本無所謂。

由於理性無法影響虔誠教徒的思想，新教徒和天主教徒之間的激烈衝突仍然持續。所以各國君主試圖調解的努力都是徒勞無功。法國皇后凱瑟琳・德・梅地奇（Catherine de Medicis）看到改革教會的黨派儘管遭受迫害，但勢力仍然日漸增長，並吸引了大量的貴族和法官。為了削弱他們的勢力，她於1561年在波瓦西召集主教和牧師，企圖融合天主教和改革教會的教義。然而，此一舉動暴露了王后縱然狡猾，卻對神祕主義的邏輯法則一無所知。縱觀歷史，從未出現過以辯論能摧毀或削弱信仰的例子。凱瑟琳甚至不知道，雖然個體之間的寬容可能需要付出巨大的努力，但在集體之間卻是不可能的。她的嘗試徹底失敗。與會的神學家互相扔擲文本和咒罵，但沒有人因此改變立場。凱瑟琳在1562年頒布一項法令，允許新教徒在公開場合慶祝他們的崇拜，她認為這樣做會有更好的效果。

這種寬容從哲學角度來看非常令人欽佩，但從政治角度來看

卻一點也不明智。在新教徒勢力最強大的南方地區，他們迫害天主教徒，試圖用暴力改變他們的信仰，如果不成功就割斷他們的喉嚨，洗劫他們的大教堂。在天主教徒較多的地區，改革者也遭受了同樣的迫害。

這些敵對行動不可避免地引發了內戰。於是就出現了所謂的宗教戰爭，這場戰爭使法國長期血流成河。城市被洗劫，居民被屠殺，這場鬥爭迅速呈現出宗教或政治衝突特有的野蠻特質，這種特質在後來的旺代戰爭（La Vendee）中再次出現。

老人、婦女和兒童全都被屠殺殆盡。艾克斯（Aix）議會的第一任議長德奧佩德男爵（Baron d'Oppede）摧毀了三座城市和二十二個村莊，並在十天內殺害了三千人，他以極其殘酷的手段警告大眾。在宗教戰爭期間，法國將軍蒙特呂克（Montluc）是卡里耶（Carrier）的領導者，他把新教徒活活丟進井裡，直到填滿為止。新教徒也不遑多讓，他們毫無慈悲之心，不但不放過天主教教堂，還毀壞墳墓和雕像，就如同法國大革命時期，國民公會代表對待巴黎聖丹尼（Saint Denis）皇室陵墓的方式一樣。

在這些衝突的影響下，法國逐漸瓦解，到了亨利三世統治的末期，法國成為名副其實的邦聯城市共和國，形成許多主權國

家。王室權力正在消失。布盧瓦各邦（États de Blois）聲稱可以向逃離首都的亨利三世發號施令。1577年，旅行家利皮曼諾（Lippomano）穿越法國，目睹了包括奧爾良、圖爾、布洛瓦、普瓦捷等重要城市遭到徹底破壞，教堂變成廢墟，陵墓也遭到破壞。這幾乎就是法國督政府統治後期所處的狀態。

在這一時期發生的事件中，給人們留下最黑暗記憶的是 1572 年的聖巴托洛謬大屠殺，盡管它可能不是最凶殘的，但據歷史學家聲稱，這是凱瑟琳皇后和查理九世（Charles IX）下令進行的。

我們不需要非常淵博的心理學知識就能意識到，沒有哪個君主會下令舉行這樣的活動。聖巴托洛繆日不是王室的節日，而是民眾的節日。凱瑟琳皇后認為她和國王的生存受到了當時在巴黎的四、五個新教領袖所策劃的陰謀威脅，於是按照當時的簡易風俗，派人將他們殺死在家中。神學家巴蒂福爾（Battifol）對隨後發生的大屠殺作了如下的詳盡描述：

「天主教徒、士兵、弓箭手、平民，總之，整個巴黎的人都手持武器衝上街頭，準備參與行刑，在『胡格諾派』（The Huguenots）凶殘的吶喊聲中，大屠殺開始了！」「殺

啊，殺啊！所有異教徒都被擊倒，不是被淹死就是被絞

死。當時在巴黎，有兩千人被殺。」

各省人民開始模仿巴黎的行為，殺害了六千名到八千名的新

教徒。

當時間稍稍冷卻了宗教激情之後，所有的歷史學家，甚至是

天主教徒，都對聖巴托洛繆義憤填膺。由此可見，一個時代的人

很難理解另一個時代的人。

聖巴托洛繆大屠殺在當時不僅沒有受到批評，反而在整個天

主教歐洲引起了難以形容的熱情。

腓力二世（Philip II）聽到這個消息後喜出望外，法國國王得

到的祝賀比打了一場大勝仗還要多。

然而，最為興奮的莫過於教宗格雷戈里十三世（Pope Gregory

XIII）。他下令鑄造紀念獎章[2]，舉行盛大慶典，點燃煙火，甚至邀

請畫家瓦薩里在梵蒂岡繪製屠殺場景。不僅如此，他還特地派遣

2　這枚獎章的發行範圍很廣，因為在法國國家圖書館的獎章櫃裡有三枚獎章：一枚金
　質，一枚銀質，一枚銅質。一面是格雷戈里十三世，另一面是天使用劍擊打胡格諾教
　徒。獎章旁邊寫著「Ugonotorum strages」，即「胡格諾大屠殺」。

使者向法國國王道賀。正是這類歷史細節讓我們理解了信徒的思想。恐怖時期的雅各賓派與格雷戈里十三世的心態非常相似。

新教徒自然對如此巨大的屠殺事件感到憤怒，同時他們也取得了顯著的進展。1576年，亨利三世被迫在《博利厄敕令》（Edict of Beaulieu）中給予新教徒完全的禮拜自由、八座堅固的堡壘，以及議會中一半由天主教徒、一半由胡格諾派組成的議會。

這些讓步並沒有帶來和平。以吉斯公爵（Duke of Guise）為首的天主教聯盟成立了，衝突仍然持續。但這種狀況不可能維持太久。我們知道亨利四世是如何通過1593年的棄權聲明和《南特敕令》（Edict of Nantes）至少暫時結束了這一切。

鬥爭已經平息，但並未結束。在路易十三（Louis XIII）的統治下，新教徒仍然躁動不安，1627年，法國貴族黎塞留公爵（Richelieu）不得不圍攻拉羅歇爾（Richelieu），一萬五千名新教徒因而喪生。此後，這位著名的紅衣主教對改革者表現出極大的寬容，他擁有更多的是政治感情，而非宗教情感。

這種寬容不可能持久。一旦一方認為自己有能力支配另一方，相反的信仰就會在接觸中互相殘殺。在路易十四（Louis XIV）的統治下，新教徒的勢力已經大不如前，他們被迫放棄鬥

爭，和平共處。當時他們約有一百二十萬人，擁有六百多座教堂，由大約七百名牧師為他們服務。這些異教徒在法國土地上的存在，對天主教神職人員來說是無法容忍的，他們以各種方式迫害他們。然而，這些迫害行為成效甚微，於是路易十四在1685年以龍騎兵（譯註：被派去與新教徒同住的武裝軍隊，龍騎兵有權肆意妄為，使這些家庭無法安睡，只要新教徒肯發誓放棄新教信仰，龍騎兵就會離去。）來對付他們，當時有許多人喪生，但仍未取得進一步的效果。在神職人員，特別是博蘇埃特（Bossuett）的壓力下，《南特敕令》被廢除，新教徒被迫改信天主教或離開法國。這場災難性的移民潮持續了很長時間，據說法國約有40萬的人口流失，這些都是才華橫溢的人，因為他們有勇氣聽從自己的良心而不是利益。

6. 宗教革命的結果

如果僅以宗教革命的黑暗面，例如宗教改革的慘痛歷史來評判所有宗教革命，我們將被迫認為它們是極度災難性的事件。然而，並非所有宗教革命都扮演著同樣的角色，其中一些革命對文明的進步有著相當大的影響。

透過賦予人民道德上的團結，就能夠大大增強其物質力量。我們可以明顯看到，當穆罕默德帶來新信仰時，將阿拉伯的弱小部落轉變為一個強大的國家。

這種新的宗教信仰不僅使一個民族具有同質性。它所達到的效果是任何哲學、任何法典都無法達到的：它明顯地改變了幾乎不可改變的東西，那就是一個種族的情感。

我們可以在歷史上所記載最強大的宗教革命期間看到這一點，當時來自加利利（Gailiee）平原的一位上帝取代了異教信仰。新的理想要求人們放棄一切生存的樂趣，以獲得天堂永恆的幸福。毫無疑問，這樣的理想很容易被窮人、奴隸和被剝奪一切生活樂趣的人所接受。作為交換，一個令人神往的未來向他們敞開，以代替沒有希望的生活。然而，窮人如此輕易接受的艱苦生活，同樣也由富人所接受。這正是新信仰力量的最重要體現。

基督教革命不僅僅改造了人們的行為舉止，它更在兩千年的時間裡，對文明產生了壓倒性的影響。宗教信仰一旦取得勝利，文明的各個元素自然會　之調整適應，因此文明會迅速轉型。作家、藝術家和哲學家會在他們的作品中展現新信仰的思想。

當任何宗教或政治信仰取得勝利時，理智不僅無力對其產生

影響，甚至會找到動機去解釋並為該信仰辯護，並努力將其強加於他人。在摩洛克神（Moloch）的時代，可能有許多神學家和演說家為人祭辯護，就如同在其他時期有許多人為了美化宗教裁判所、聖巴托洛繆大屠殺和恐怖時期的大屠殺而辯護一樣。

我們不應該期望擁有堅定信仰的人們能輕易做到寬容。在古代世界中，唯有多神論者才能達到寬容。目前實行寬容的國家是那些完全可以被稱為多神教的國家，因為像英國和美國一樣，這些國家被分成了無數的教派。在相同的名稱下，他們實際上崇拜的是非常不同的神祇。

信仰的多元化導致了這種寬容，但最終也造成了弱點。因此，我們面臨了一個至今尚未解決的心理問題：如何擁有一種既強大又寬容的信仰。

以上簡要的解釋揭示了宗教革命和信仰力量所扮演的重要角色。儘管它們的理性價值微乎其微，但它們卻塑造了歷史，防止人民淪為沒有凝聚力和力量的一盤散沙。人類在任何時候都需要它們來引導思想和指導行為。到目前為止，沒有任何哲學思想能夠取代它們。

第三章

政府在革命中的行動

1. 政府在革命時期的微弱抵抗

　　許多近代國家，例如法國、西班牙、義大利、奧地利、波蘭、日本、土耳其、葡萄牙等等，在過去的一個世紀都經歷了革命。這些革命通常都具有以下特徵：發生迅速、被攻擊的政府很快就被推翻。

　　這些革命之所以瞬間發生，是因為用現代宣傳手法迅速感染大眾心態。更令人驚訝的是，受到衝擊的政府幾乎沒有抵抗能力。這意味著它們對自己的力量盲目而自信，導致全然缺乏理解和預見未來狀況。

　　政府易於垮台的現象並非新鮮事。這一點在歷史上已經一再得到印證，不光是在專政體制中，這些制度總是被宮廷陰謀推翻，即使在那些透過新聞媒體與其代理人完全掌握輿論狀況的政府中，也同樣如此。

在這些突如其來的垮台中，最令人震驚的便是頒布《七月詔令》後的查理十世（Charles X）。這位君主，正如我們所知，僅僅四天就被推翻了。他的首相波利尼亞克（Polignac）沒有採取任何防禦措施，國王對巴黎的平靜如此自信，甚至放心的外出打獵。與路易十六世統治時期不同，這次由於軍官素質低下，在敵方少數叛軍的攻擊下就潰散了。

路易‧菲利普（Louis Philippe）的倒台更具代表性，因為它不是君主任意妄為的結果。這位君主的仇恨值不像查理十世那麼高，他的垮台是一場微不足道的騷亂造成的，而這場騷亂本來可以很容被鎮壓下去。

歷史學家很難理解，一個有強大軍隊支持的穩固政府怎麼會被幾個暴動者推翻，他們自然而然地將路易‧菲利普的倒台歸咎於更深層的原因。實際上，受命保衛路易‧菲利普的將軍無能，才是他倒台的真正原因。

這個案例是個最具啟發性的例子，值得我們花點時間思考。博納爾將軍（General Bonnal）根據目擊證人埃爾金根（Elchingen）將軍的筆記，完美地調查了此事件。當時巴黎有三萬六千名士兵，但軍官的軟弱無能使他們無法發揮作用。他們下達了相互

矛盾的命令，最後竟然禁止部隊開槍，而且，沒有什麼比允許人民與軍隊混在一起更危險的了。暴動在沒有發生戰鬥的情況下成功，並迫使國王退位。

博納爾將軍運用我們對群眾心理的了解，向我們展示了推翻路易・菲利普的暴亂是多麼容易控制。他明確指出，如果指揮官沒有完全失去理智，其實只要少部份的軍隊就能阻止叛軍攻入眾議院。最後，由保皇派組成的眾議院，肯定會擁立巴黎伯爵（Count of Paris）在母親攝政下登基。

類似的現象也出現在西班牙和法國的革命中。

這些微不足道的偶然事件，彰顯了其在重大歷史事件中扮演的角色，也警示我們不要輕易論斷歷史的普遍規律。試想，若非巴黎暴動推翻了路易・菲力浦王朝，那麼我們或許不會看到 1848 年的法蘭西第二共和國、第二帝國的建立、色當（Sedan）戰役、普法戰爭的爆發，以及法屬阿爾薩斯（Alsace）的喪失。

在我剛才提到的那些革命中，軍隊雖然沒有協助政府，但也沒有反叛政府。然而，情況有時會有所不同，革命往往是由軍隊主導發動的，例如土耳其和葡萄牙的革命即是如此。拉丁美洲共和國接連不斷的革命，往往都是由軍隊主導。

當一場革命由軍隊引發時，新的統治者自然會受其控制。我已經提過，羅馬帝國末期就是這樣，當時的皇帝是由軍隊的扶植下即位，也是由他們摧毀的。

同樣的情況在現代也屢見不鮮。下面敘述摘錄自希臘革命時期的報紙，說明一個由軍隊主宰的政府會變成什麼樣：

「有一天，有消息宣布，如果政府不罷免他們所抱怨的領導人，海軍的八十名軍官將會遞交辭呈。另一次是屬於皇太子的農場上的農業勞工要求將土地分配給他們。海軍對承諾給佐巴斯上校的晉升表示抗議。佐巴斯上校在與堤帕爾多斯中尉討論了一周後，與議會議長進行了權力交接。在這段時期，企業聯合會濫權欺壓海軍軍官。一名議員要求將這些軍官及其家眷視為匪徒對待。當米奧利斯指揮官（Commander Miaoulis）向叛軍開火後，最初服從提帕爾多斯的士兵重返崗位。如今的希臘已不再是政治家伯里克里斯（Pericles）和特米斯托克勒（Themistocles）統治下的和諧國度，而是淪為一個可怕的阿格拉曼特（Agramant）軍營。」

　　沒有軍隊的協助或至少保持中立，革命就難以成功，但革命運動往往會在缺乏軍隊支持的情況下展開。1830年、1848年以及1870年的革命都是如此，後者發生在法國因色當投降而遭受羞辱之後，最終推翻了帝制。

　　大多數的革命都在首都發生，並透過感染力擴散到全國；但這並非一成不變的規則。我們知道在法國大革命期間，旺代、布列塔尼（Brittany）和南部地區對巴黎的反抗都是自發性的。

2. 政府的抵抗如何戰勝革命

　　在上文列舉的眾多革命中，我們看到政府因軟弱而滅亡。它們一觸即潰。

　　俄國革命證明，一個積極捍衛自己的政府最終將會取得勝利。

　　對政府而言，從未有過比這次更具威脅的革命。經歷了在東方遭受的災難以及過於嚴苛的獨裁政權後，社會各階層，包括部份軍隊和海軍，都已經起義反抗。由於鐵路、郵政和電報服務遭到破壞，帝國廣大領土之間的通訊頓時陷入癱瘓。

　　在傳統社會中，農村階級一直是國家人口的主體。然而隨著革命思想的傳播，他們原本的生活也開始受到影響。由於農村公

社的束縛，農民世代耕種著不是自己的土地，生活困苦。為了安撫這龐大的農民階級，政府決定立即實施土地改革，使他們成為土地所有者。為了改善農民的生活，政府頒布了特殊法律，強制地主出售部分土地給農民。為了協助農民購地，政府也設立了銀行，專門提供貸款給有意購買土地的農民。貸款的金額將分期攤還，款項來源是從農民所售出的農作物收入中扣除一定比例而來。

有了農民的中立保證，政府便能專心對抗那些焚燒城鎮、投擲炸彈、發動戰火的狂熱分子。所有被捕獲的暴徒皆被處決。歷史證明，要保護社會不受那些想要顛覆社會的人所傷害，最有效的方法就是將他們徹底清除。

獲勝的政府進一步意識到，必須滿足國家中開明派的合法要求。為了達成這個目標，政府設立了議會，負責制定法律和控制支出。

俄國革命的歷史向我們展示，一個政府是如何憑借智慧和堅定的意志，在其所有的自然支持相繼崩潰時，仍能克服最強大的障礙。正如一句公正的評價所言，政府不是被推翻，而是自我毀滅的。

3. 由政府引發的革命，如中國、土耳其

政府幾乎總是去應對革命，而非引發革命；它們從未創造過革命。它們代表著當下的需求和普遍的輿論，怯懦地追隨著改革者，而非引領改革。然而，有時某些政府會試圖進行那些我們稱之為革命的改革。國家思想的穩定與否，決定了這種嘗試的成敗。

當政府試圖要強加新制度於人民時，前提是人民必須由半野蠻的部落組成，沒有固定的法律，沒有牢固的傳統，也就是沒有固定的民族思想，這樣的革命就容易成功。彼得大帝（Peter the Great）時代的俄國就是這種情況。我們知道他是如何透過強制手段，試圖將一半亞洲人口歐洲化。

日本是另一個由政府主導的革命案例，但改革的只是運作機制，而非思想核心。

這樣的任務需要一位非常強勢的獨裁者，再輔以一個天才，才有可能成功，哪怕只是部分的成功。改革者往往會發現整個國家都在反抗他。與一般革命不同，專制君主是革命者，人民才是保守派。然而，仔細研究之後，你很快就會發現，人民通常都非常保守。

對這些嘗試而言，失敗才是常態。無論由上層階級還是下層階級發動，革命都無法改變根深蒂固的人民靈魂。它們只能改變那些被時間磨損、岌岌可危的表面事物。

中國目前正在進行一項非常有趣但卻不可能完成的實驗。政府有意進行國家體制的革新。這場顛覆古老君主王朝的革命，是政府試圖改善中國狀況而推行的改革。禁止鴉片和賭博、改革軍隊和創辦學校，都涉及到稅收的增加，而稅收的增加和改革本身一樣，都使輿論大為不滿。

在這種普遍的不滿情緒中，少數受過歐洲教育的中國知識分子加以利用，鼓動民眾，宣揚共和理念。對中國人來說，這是一個聞所未聞的制度。

這樣一套制度肯定維持不了多久，因為促成它誕生的衝動並非進步的浪潮，而是一股反動的勢力。對於接受過歐洲教育的中國知識分子來說，「共和」這個詞語僅僅代表著拒絕既有法律、規章以及根深蒂固的約束。剪掉辮子，戴上帽子，自稱共和黨人，這位年輕的中國人認為這是對自己所有本能的釋放。這或多或少就是大革命時期，法國人民對共和國的想法。

中國很快就會發現，一個被剝奪了歷史厚重盔甲的社會將會

走向怎樣的命運。經過幾年血腥無政府狀態之後，中國將有必要建立一個政權，而這個政權的暴政必然會比被推翻的政權更為嚴厲。科學尚未找到一種魔法，能夠讓一個失去了傳統約束的社會重歸正軌。只有當紀律深植人心，成為一種本能時，社會才能穩定有序。一旦原始的慾望摧毀了祖先留下的文明基石，重建的代價將是高昂的，甚至需要付出暴力的代價。

為了證明這些論點，我們可以舉出類似的例子，例如中國與土耳其。幾年前，一群接受歐洲教育、滿腔熱血的年輕人，在一些軍官的協助下，成功推翻了一位暴虐無道的蘇丹（Sultan），承襲了我們根深蒂固的拉丁信仰的崇拜信念，他們以為可以在一個半開化、深陷宗教仇恨、充滿不同種族的國家建立代議制。

至今為止，這項嘗試尚未成功。宗教改革的發起者不得不承認，儘管他們崇尚自由主義，但在治理國家方面，他們也不得不採用與被推翻的政府非常相似的手段。他們既無法阻止對基督徒的即刻處決或大規模屠殺，更無法糾正任何濫用權力的行為。

指責他們是不公平的。事實上，他們又能做什麼來改變一個傳統如此悠久、宗教熱情如此高漲、信徒雖少、但卻能要求他們按照教規來管理信仰的聖城民族呢？在民法和宗教法尚未完全分

離，且人民的國家認同感僅建構於信仰《可蘭經》（Koran）的國家中，如何防止伊斯蘭教繼續保持國教地位？

　　要摧毀這樣的政治現狀極為困難，因此我們必然會目睹威權組織以憲政形式復辟，也就是說，實際上又是舊制度的重現。這樣的嘗試恰好印證了以下事實：那就是在人民轉變其思想之前，無法選擇其體制。

4. 在革命政權變更後依然存續的社會元素

　　當我們稍後談論到國家精神穩固的基石時，就能理解那些歷史悠久的政體，例如古老的君主政體，所具有的力量。君主本人或許容易被叛亂者推翻，但這些叛亂者卻無法撼動君主所代表的原則。拿破崙（Napoleon）倒台後，繼任者並不是他的直系繼承人，而是國王的繼承人。

　　後者是古老原則的化身，而皇帝的兒子則體現了尚未在人們思想中完全確立的觀念。正因如此，一位大臣，無論才能有多出眾，為國家做出的貢獻有多偉大，極少能顛覆君主。就連德意志帝國首任宰相俾斯麥（Bismarck）也做不到這一點。這位偉大的宰相一手締造了德意志的統一，然而他的主人只需輕輕用手指碰

他一下，他就煙消雲散了。在得到輿論支持的原則面前，個人力量微不足道。

但即使出於各種原因，由政府所體現的原則與政府一同覆滅，就如同法國大革命時期所發生的一樣，所有社會組織的要素也不會同時消亡。

如果我們只知道法國過去一百多年的動盪，我們可能會認為這個國家一直處於一種深刻的無政府狀態。然而，法國的經濟、工業，甚至政治生活，相反地卻表現出一種獨立於所有革命和政府以外的連續性。

事實上，除了史書記載的重大事件之外，日常生活中還有許多枝微末節未被記錄下來。這些生活瑣事受制於無可抗拒的需要，它們不會為任何人停下腳步。正是這些生活瑣事的總和，才構成了人們生活的真正框架。

檢視重大事件的歷史，我們或許會發現法國的名義政府在一個世紀內頻繁更迭。然而，相反地，若是仔細審視日常瑣事，她的實質政府變動甚微。

誰才是人民真正的統治者呢？毫無疑問，在國家危急存亡之秋，是國王和大臣。然而在構成日常生活中點點滴滴的小事上，

他們卻毫無作用。一個國家的真正領導力量是行政部門，它由非個人因素所組成，不受政府更迭的影響。他們保守傳統，默默無聞，經久不衰，構成了一種神祕的力量，所有其他力量最終都必須臣服於其權威之下。他們的行動甚至發展到了這樣一種程度，正如我們接下來要說明的那樣，他們有可能形成一個比官方國家更強大的匿名國家。法國就這樣被各部門主管和政府職員所統治。我們越深入研究革命史，就越會發現革命實際上只改變了標籤，而沒有觸及實質。發起一場革命容易，但要真正改變人民的思想靈魂，那才是難上加難。

第四章

人民在革命中所扮演的角色

1. 國民思想的穩定性與可塑性

　　要了解一個民族的歷史，就必須了解其所處的環境，尤其是其過去。理論上，人們可以否認過去，就像大革命時期那樣，也像當今許多人所做的一樣，但它的影響力仍然堅不可摧。

　　過去，經過幾個世紀的緩慢積累，形成了思想、情感、傳統和偏見的集合體，構成了民族的思想，而民族的思想是一個種族的力量所在。沒有它，就不可能有進步，那麼每一個世代的人都得重新開始。

　　構成一個民族靈魂的集合體，在具有一定剛性的狀況下才是穩固的，但這種剛性不能超過一定的限度，否則就不存在所謂的延展性。

　　若無剛性，祖先的靈魂將無法保持穩定，而若無柔韌性，它

將無法適應由文明進步帶來的環境變化。

國民思想過度具有可塑性，會驅使人民陷入連續不斷的革命。過度的剛硬則會導致衰落。如同人類種族一般，所有生物族群若長期固守過往，無法適應新的生存環境，最終將走向滅亡。

在尋求穩定與可塑性這兩種截然不同的特質之間取得平衡，鮮有民族能做到恰到好處。古羅馬人和近代的英國人可說是其中的典範。

思想最僵化、墨守成規的民族，往往會發起最暴力的革命。由於未能逐步進化，以及適應環境的改變，當這種適應變得不可或缺時，只能被迫以暴力方式進行適應以求生存。

穩定性只能經過非常緩慢的累積才能獲得。一個民族的歷史，最重要的是長期建立思想的過程。只要它還沒有成功，就只會是一群毫無凝聚力和力量的野蠻人。在羅馬帝國末期的侵略之後，法國花了好幾個世紀才形成一個國家的靈魂。

她最終成功塑造了一個民族靈魂；然而經過數百年演變，這個靈魂最終變得過於僵化。如果當權者稍微靈活一些，古老的君主政體就可以像其他地方一樣，逐步轉型，我們就能　避免藉由革命重塑國家靈魂。

先前的論述揭示了種族在革命興起過程中扮演的角色，並解釋了為什麼相同的革命會在不同的國家產生如此不同的結果；例如，為什麼法國大革命的思想會被一些人民熱烈歡迎，而被另一些人民所排斥。

英國雖然是一個非常穩定的國家，但也曾經歷過兩次革命並處死了一位國王；然而，她精神盔甲的模型既穩定得足以穩固地保留過去的成果，同時又足夠靈活，可以在必要範圍內進行修改。英國從未像法國大革命時期的人們那樣，夢想摧毀祖先的遺產，以理性的名義建立一個新的社會。

法國歷史學家阿爾貝‧索雷爾（A. Sorel）指出，「法國人鄙視政府，憎恨教士階級，厭惡貴族，反抗法律；而英國人則為宗教、憲法、貴族階級和上議院感到自豪。這些對英國人來說，就像巴士底監獄的塔樓，他們躲在裡面，以英國的名義，對歐洲諸國指手畫腳，甚至帶著輕蔑的態度。雖然英國國內也存在著各種爭論，但他們不允許外來勢力干涉。」

種族對人民命運的影響，在南美洲、西班牙等共和國不斷革命的歷史中顯而易見。這些地方的人口由混血兒組成，也就是說，由於血統多元導致祖先特徵的分離，這些人口沒有國家的靈

魂,因此也缺乏穩定性。由混血人種組成的民族總是很難被管理。

如果我們想更深入了解種族因素所產生的政治能力差異,我們必須研究同一個國家被兩個種族依序統治的情況。

這樣的事件在歷史上並非罕見。近年來,古巴和菲律賓就上演了令人吃驚的例子,它們突然間就從西班牙的統治,轉移到了美國的統治。

我們知道古巴在西班牙統治下處於何等的混亂和貧困;我們也知道,在落入美國手中後,在短短幾年內達到了何種程度的繁榮。

在菲律賓,同樣的經歷再度上演。菲律賓幾個世紀以來一直由西班牙統治。最終,這個國家淪為一片杳無人煙的廣大叢林,成為各種疾病的溫床,那裡悲慘的人民在沒有商業和工業的情況下苟延殘喘。在美國統治的幾年後,這個國家完全變了樣:瘧疾、黃熱病、瘟疫和霍亂完全消失了。沼澤地獲得治理;全國鋪滿了鐵路、工廠和學校。在十三年內,死亡率降低了三分之二。

如果理論家還沒有領悟到「種族」一詞的深刻含義,還沒有認識到一個民族的祖先靈魂在多大程度上主宰著它的命運,我們就必須舉出這樣的例子。

2. 人們如何看待革命

在所有革命中，人民的角色始終如一。人民從未策劃或領導革命，他們的行動總是通過領導者而被引發出來。

只有當人民的直接利益受損時，才會像最近香檳地區那樣，看到人民自發性地崛起。 這種僅限於局部地區的運動，充其量只是一場暴動而已。

當領導人極具影響力時，革命就變得容易。葡萄牙和巴西最近就提供了例證。然而，新思潮往往需要很長時間才能滲透到群眾中。一般來說，革命發生時，人們往往會盲目接受，而不知道其背後的成因。就算偶爾有人理解了革命的原因，革命也早就結束了。

民眾之所以會發起革命，往往是因為被勸說而起，但他們並不瞭解領導者的思想，而是以自己的方式去詮釋，而這種詮釋方式往往與革命的真正發起者所想的相去甚遠。法國大革命就是這個事實的明顯例證。

1789年的法國大革命，其真正的目標在於以資產階級的權力取代貴族階級的權力。換句話說，他們要的是讓有能力的新興精

英階層，取代已經變得無能的舊有精英階層。

在革命的第一階段，幾乎不存在人民的問題。雖然宣佈了人民主權，但這只相當於選舉人民代表的權利。

這些人很多都是文盲，不像中產階級那樣希望提升社會地位，絲毫不覺得自己能與貴族平起平坐，也不希望成為與貴族平起平坐的人，他們的觀點和利益與社會上層階級截然不同。

議會與皇權的角力，最終導致他們尋求人民介入這場鬥爭。人民的介入力道愈來愈強，使得原本的資產階級革命迅速轉變為人民革命。

資產階級的理論思想本身沒有任何力量，只是因為擁有一種情感和神祕的基礎作為支撐而發揮作用，在對人民產生作用之前，它們必須轉變為一種新的、非常明確的信仰，這種信仰源自明顯的現實利益。

當人民聽到他們將擁有與舊政權同等的權力時，能與他們平起平坐時，他們迅速地改變了態度。他們開始將自己視為受害者，並以暴力手段進行報復，以為這些行為是在行使自己的權利。

革命原則的最大優勢在於，它為原始野蠻的本能提供了自由發揮的空間，而這些本能曾經受到世俗環境、傳統和法律的抑制。

昔日束縛廣大民眾的各種約束日漸瓦解，讓他們萌生一種無限權力的想法，並樂於看到昔日統治者被剝奪權力、財產。作為主權人民，那麼是否所有事情對他們來說都是可以做的呢？

「自由、平等、博愛」的座右銘在革命之初曾是希望與信仰的真實體現，但很快地，它淪為用來掩蓋嫉妒、貪婪和仇恨上級的藉口，這些才是缺乏紀律的群眾的真正動機。這就是為什麼革命很快就在混亂、暴力和無政府狀態中結束了。

當革命從社會的中產階級蔓延到下層階級的那一刻起，它不再是理性主導本能的統治，反而變成了本能試圖壓倒理性的力量。

這種原始本能的法律勝利是可怕的。基於傳統、習俗和規範的力量，社會整體的努力（這也是社會持續存在所不可或缺的）一直在約束著人類從其原始野蠻繼承而來的某些天性。這些天性是可以被控制的，一個民族能越有效地克制它們，就代表文明程度越高；然而，這些野蠻本能卻是無法被根除的。各種刺激因素的影響很容易導致它們重新出現。

這就是為什麼大眾激情的解放如此危險。這股洪流一旦離開了它的河床，就會一去不復返，直到它將破壞力擴散到四面八方。「喚醒沉睡的民眾，必將招致禍患。」這是法國作家里瓦羅爾

（Rivarol）在法國大革命之初所說的話。「一般百姓很難接受啟蒙思想。」

3. 革命期間人民應扮演的角色

群眾心理學的規律告訴我們，人民群眾永遠不會在沒有領袖的情況下採取行動。儘管在革命中，群眾的熱情被點燃，並將領袖的思想推向極致，但他們始終是被動的追隨者。

在所有政治革命中，我們都能發現領導者的作用。他們並不是創造革命思想的人，而是利用這些思想作為行動的工具。思想、領袖、軍隊和群眾構成了四個要素，它們在革命中都有各自的角色。

受到領袖煽動的群眾，其行動力量尤其來自於群體的龐大規模。他們的行為就像炮彈一樣，靠著一股非自身產生的強大力量來擊穿裝甲板。群眾很少能理解革命的意義。他們盲目地追隨領導者，甚至不去探究領導者的意圖。他們因為「七月詔令」而推翻查理十世，卻對該詔令的內容一無所知。日後若被問及為何推翻路易‧菲利普，他們可能根本想不起來。

從米樹勒（Michelet）到奧拉德（Aulard），許多作家都被表

象所迷惑，以為是人民促成了偉大的革命。

米榭勒說：「真正的主角，是人民。」

奧拉德則寫道：「有人認為法國大革命是由少數傑出人物或英雄所促成，乃是大錯特錯。我相信在1789年至1799年這整個時期的歷史中，沒有一個人能脫穎而出，引導或塑造事件：既不是路易十六、米拉波（Mirabeau，譯註：在法國大革命後的國民議會中，溫和派最重要的人物之一），也不是丹敦（Danton），更不是羅伯斯比爾。難道我們一定要說，法國人民才是法國革命真正的英雄嗎？是的，前提是我們把法國人民視為一群有組織的團體，而不是烏合之眾。」

法國歷史學家奧古斯汀・科欽（Augustin Cochin）在最近的一部著作中堅持這種對大眾行動的理解。

「令人驚奇的是：米榭勒說得沒錯。我們對事實了解的越深入，就越能證明虛構的真實性：這群沒有首領、沒有法律、完全處於混亂的人，竟然統治和指揮了五年，說話和行動都表現出令人驚嘆的精確性、一致性和完整性。無政府狀態反而為被打敗的秩序派一方上了一堂秩

序和紀律課……兩千五百萬人散佈在三萬平方里的區
域，卻能行動一致。」

當然，如果如作者所假設的那樣，人民的這種同時行動確實
是自發的，那就太令人驚奇了。然而，奧拉德自己也非常清楚這
種現象是不可能的，因為他在談論人民時，特意指出他指的是群
體，而且這些群體可能有領導者引導：

「那麼，究竟是什麼鞏固了民族的統一？誰拯救了這個遭
受國王攻擊、陷入內戰的國家？是丹敦嗎？是羅伯斯比
爾嗎？是卡諾（Carnot）嗎？當然，這些個人確實有所貢
獻，但實際上，維護統一和確保獨立的，是法國人民的
結社形式：公社和人民團體（人民俱樂部）。」

是法國的城市和雅各賓俱樂部的組織，迫使歐洲聯軍撤退。
但如果我們仔細觀察，在每個團體中，總有兩、三個比其他人更
能幹的人，他們無論是領導者還是被領導者，都會執行決策並表
現得像領導者。但在我們看來（如果我們閱讀人民俱樂部的會議

記錄），他們的力量似乎更多是來自於團體，而不是他們本身。

奧拉德的錯誤在於，他假設所有這些團體都源於「自發的博愛與理性運動」。當時法國遍布著成千上萬的小型俱樂部，它們都接受了巴黎大雅各賓俱樂部的驅策，並且服從其一切指示。這就是現實告訴我們的，儘管雅各賓派的幻想不允許他們接受這一事實。[1]

4. 人民團體以及構成要素

為了迎合某些理論概念，人民被建構成一個神祕的實體，被賦予所有的權力和美德，政客不斷地歌頌他們，用奉承的話語淹沒他們。我們將要看看，應如何理解人民在法國大革命所扮演的角色。

1　在奧拉德與德比杜爾（M. Debidour）合作編寫的歷史手冊中，人民作為一個群體的角色更加明顯。我們看到它不斷自發性地介入其中，以下為幾個例子：
6月20日「這一天」：「國王解除了吉倫特派（Girondist）成員的職務。巴黎人民義憤填膺，自發起義，攻入杜樂麗宮（Tuileries）。」
8月10日「這一天」：「立法議會不敢推翻它；是巴黎人民在各省聯邦軍的幫助下，以鮮血為代價實現了這場革命。」
吉倫特派與山嶽派（the Mountain）的衝突：「面對敵人，這種不和是危險的。人民在1793年5月31日和6月2日結束了這種不和，迫使國民議會將吉倫特派領導人驅逐出議會，並下令逮捕他們。」

　　無論是當時的雅各賓派，還是現在的政治人物，都認為人民代表著一個高級的存在，擁有神明才有的特質，永遠不需要為自己的行動負責，也永遠不會犯錯。人民的意願必須被重視。人民可以殺人、縱火、劫掠，犯下最駭人聽聞的暴行，今天頌揚他們的英雄，明天就把他丟棄在街頭；這一切都沒有關係，政客將會繼續吹噓人民的美德、崇高的智慧，並且對他們的任何決定俯首稱臣。[2]

　　那麼，這個群體，那麼多世紀以來革命家所推崇的「神物」，究竟是由什麼組成的呢？

　　它可以分為兩個不同的類別。第一類包括農民、商人和各行各業的工人，他們需要安寧和秩序來完成自己的使命。這部分佔大多數，但這是一個從未引起革命的多數。他們生活在辛勤的沉默中，總是被歷史學家忽視。

　　在所有國家動亂中扮演關鍵角色的第二類群體，是由具有犯

2　這些偽裝至少對於較先進的共和黨人來說，似乎越來越站不住腳了。克里蒙梭（Clemenceau）寫道：「對社會主義者的憤怒，在於賦予群眾所有美德，彷彿它們具備超乎常人的理性，然而群眾的理性微不足道。」這位著名的政治家更確切地指出，理性不僅在群眾中難以顯現，甚至實際上根本不存在。

罪心態的顛覆性社會殘渣所組成。酒鬼、貧困導致的墮落者、盜賊、乞丐、一無所有的「臨時工」、冷漠的失業者，這些人構成了暴動軍隊中最危險的主體。

由於害怕受到懲罰，他們許多人在平時都不是罪犯，但一旦他們能夠在沒有危險的情況下發揮邪惡的本能時，就會立刻成為罪犯。

所有革命都會染上血腥的屠殺，這都是由於人類邪惡的底層所致。

正是這個階級，在領導者的操縱下，不斷衝擊偉大的革命議會。這些混亂軍團除了屠殺、劫掠和縱火之外，別無其他理想。他們對理論和原則完全漠不關心。

在招募了社會最底層的渣滓之後，還有一大批游手好閒、冷漠的人，他們只是被捲入了這場運動。他們之所以吶喊，是因為有人在吶喊；他們之所以造反，是因為有人造反，卻對吶喊或革命的原因一無所知。他們所處環境的暗示力量絕對會催眠他們，促使他們採取行動。

這些喧鬧邪惡的人群，自古至今，是所有暴動的核心，也是演說家唯一認識的人群。對演說家來說，他們就是主權人民。事

實上，正如歷史學家梯也爾（Thiers）所言，這些主權人民主要由底層民眾所組成：

「從塔西圖斯見證了卑賤的民眾為皇帝的罪行鼓掌以來，

這群民眾就沒有改變過。這些社會底層的野蠻人，總樂

於在任何掌權者的煽動下，玷污人民的名譽，並且助紂

為虐。」

在歷史的任何時期，底層階級的角色都沒有像在法國大革命中，那樣產生如此持久的影響力。

野獸的枷鎖一解開，屠殺就開始了，也就是說從 1789 年開始，早在國民公會之前就開始了。他們以所有可能的殘忍手段進行屠殺。在九月的殺戮中，囚犯被一遍遍地用軍刀砍成碎片，劊子手故意延長他們的痛苦以供圍觀者取樂。那些觀眾目睹受害者抽搐哀嚎的景象，竟然獲得極大的愉悅。

在法國各地都觀察到了類似的情景，即使是在革命初期也是如此，儘管那時的對外戰爭並不能成為他們的藉口，也沒有任何其他藉口。

從三月到九月，一連串的焚燒、殺戮和搶劫，讓整個法國血流成河。法國史學家伊波利特・阿道夫・泰納（Hippolyte Adolphe Taine）列舉了一百二十起這樣的案例。魯昂（Rouen）、里昂（Lyon）、斯特拉斯堡（Strasbourg）等城市都落入了暴民手中。

特魯瓦（Troyes）市長被剪刀刺瞎雙眼，經過數小時的折磨後慘遭殺害。龍騎兵上校貝爾祖斯（Belzuce）還活著就被亂刀剁成碎片。在許多地方，受害者的心臟都被挖出來，用長矛挑著在城市裡遊行示威。

這就是底層民眾的行為，一旦魯莽之輩打破了原始野蠻的枷鎖，就會展現出令人髮指的行徑。政客會滿足他們的一切要求，以達到自身的利益。試想一下，如果將一個群體中的所有個體合而為一，那麼這個集合體將會是一個極其殘酷、心胸狹隘且令人厭惡的怪物，甚至比歷史上最暴虐的君王還要可怕。

這個衝動而兇殘的民族，只要有強大的力量與之對抗，總是很容易被控制。如果說它的暴力是無限的，那麼它的奴性也是無限的。所有的專制政權都把它當作僕人。凱撒家族肯定會受到讚譽，無論他們的名字是卡利古拉（Caligula）、尼祿（Nero）、馬拉特（Marat）、羅伯斯比爾，還是布朗熱（Boulanger）。

　　除了這些在革命期間，用行動對資本造成破壞的群眾以外，還有我們先前已經提到的真正的人民群體，他們只要求勞動的權利。他們有時會因革命而受益，但從不引發革命。革命理論家對它知之甚少，也不信任它，因為他們知道它的傳統和保守基礎。它是一個國家的抵抗核心，是後者的力量和延續。

　　它因恐懼而極度馴服，很容易受到領導者的影響，在領導者的影響下，它會一時做出各種過度的行為，但其種族祖先的惰性很快又會再度掌控，這就是為什麼它對革命會如此快速地感到厭倦的原因。它的傳統靈魂在無政府主義走向極端之際，會迅速挺身而出進行反抗。此時，它會尋求能恢復秩序的領導者。

　　這些人民，屈服且和平，顯然沒有非常崇高或複雜的政治概念。他們的政府理想總是非常簡單，非常類似於獨裁。這就是為什麼從希臘時代到現在，獨裁總是在無政府狀態之後出現。在第一次大革命後，拿破崙（Bonaparte）受到人民擁戴，獨裁就再度出現；之後路易‧拿破崙（Louis Napoleon）即使面臨反對，仍透過四次全民公投登上共和國領導人位置，他的政變獲得批准，重建法蘭西帝國，甚至在1870年普法戰爭之前，還獲得人民對其統治的認可，獨裁再次出現。

　　毫無疑問，在這些最後這些例子中，人民受到了欺騙。但是，如果沒有導致混亂的革命陰謀，人民就不會被迫尋求擺脫混亂的辦法。

　　如果我們想充分理解人民在革命中的各種角色，就不能忘記本章中所回顧的事實。它的作用是巨大的，但與傳說中的想像非常不同，傳說的重覆才是生命力的所在。

第二篇
革命期間普遍存在的心態

第一章

革命時期的個體性格差異

1. 人格的轉變

我曾在其他地方詳細論述過與性格相關的理論，如果沒有這種理論，就絕對無法理解在某些時刻，特別是在革命時期所發生的各種行為轉變或不一致。以下是此一理論的主要觀點：

每個人都有自己的習慣性思維方式，在環境不變的情況下，這種思維方式幾乎是恆定的，除此之外，每個人還擁有各種可能

的性格，這些性格可能會被突發事件所喚醒。

在我們周遭的人，是特定環境下的產物，但並非是所有環境下的產物。我們的自我由無數細胞的自我所組成，它是祖先人格的殘留。這些細胞的自我相互作用，形成一種平衡，當社會環境沒有太大變化時，這種平衡就相當穩定。一旦大環境改變時，如叛亂時期，就會打破這種平衡，而分離的元素將通過新的聚合，形成一個新的個性，這種個性表現出的思想、情感和行為，與以前在同一個人身上觀察到的完全不同。因此，在恐怖時期，我們看到那些以善良著稱的正直資產階級，以及愛好和平的地方法官，變成了嗜血的狂熱分子。

在環境的影響下，舊有的人格可能因此被一個全新的人格所取代。正因如此，在重大的宗教和政治危機中的行動者，往往與我們有著不同的本質；然而，他們並未與我們有所不同；同樣的事件發生，相同的人就會再次出現。

拿破崙完全理解這些性格的可能性，他在聖赫勒拿島（Saint Helena）說過：

「正因為我深知機會在我們的政治決策中扮演了多麼重要

的角色，我一直以來都沒有偏見，並且對於人們在動亂中所扮演的角色非常寬容。在革命時期，人們只能說出自己做了什麼；若要說自己無法採取其他行動是不明智的……要公正地理解人們是很困難的……他們真的了解自己嗎？他們清楚自己嗎？環境對人們影響至極。」

當原本的個性在經歷某些事件的影響下瓦解之後，新的個性將如何形成呢？有多種方式，其中最有效的方式，就是獲得一種堅定的信念。這就像磁鐵將磁性金屬的鐵屑聚集成有規律的曲線一樣，將理解的所有元素定向。

在重大危機時期觀察到的人物就是這樣形成的，特別是著名的十字軍東征、宗教改革運動，與法國大革命。

在正常情況下，環境的變化不大，因此我們通常只能從周圍的人身上看到單一人格。然而，有時候我們會觀察到幾種性格，在某些情況下，它們可能會相互取代。

這些人格特質可能相互矛盾，甚至敵對。這種在正常情況下罕見的現象，在某些病理狀態下會顯著加劇。病態心理學記錄了一些單一個體擁有多重人格的例子，例如莫頓·普林斯（Morton

Prince）和皮埃爾・珍妮特（Pierre Janet）所引述的案例。

在所有這些性格變化的例子中，被改變的並不是智力，而是情感，情感的連結形成了我們的性格。

2. 革命時期主導性格的元素

在革命時期，我們會看到許多平時被壓抑的情緒爆發出來。社會束縛的瓦解為這些情緒提供了宣洩的出口。

法律、道德和傳統種種限制並沒有完全被打破。有些在動盪中存活下來，並在一定程度上抑制了危險情緒的爆發。

在這些約束之中，最強大的莫過於種族的靈魂。它決定了一個民族大多數成員的共有看法、感受和意願；它構成了一種世襲的習俗，而沒有比習俗的羈絆更強大的了。

種族根源塑造了一群人的特質，儘管經歷過表面的改變，但它在一定程度上形塑了群體的發展方向。

例如，僅就歷史事件來看，法國人民的心態似乎在短短一個世紀內發生了巨大變化。短短幾年內，他們經歷了革命、凱撒主義（Caesarism）、復辟帝制，又爆發了另一場革命，然後又擁立了一位新的凱撒。但實際上，只有事情的表面發生了變化。

在此我們無須進一步探討國家變異性的限制，而是要著眼於某些情感因素的影響，這些因素在革命過程中發展，進而改變個人或集體人格。我將特別提到仇恨、恐懼、野心、嫉妒或羨慕、虛榮和熱情。在歷史上的幾次變革中，我們觀察到了它們的影響，尤其是在法國大革命期間，它將為我們提供大部分的例子。

仇恨——革命份子心中熊熊燃燒的仇恨，不只針對敵人，也針對體制與事物，越深入研究革命心理，這類情感現象就越令人震驚。他們不僅憎恨他們的敵人，甚至也憎恨自己陣營的成員。一位新近作家說：「如果我們毫無保留地接受他們彼此做出的評論，我們就不得不得出這樣的結論：他們全都是叛徒和吹牛者，全都是無能和腐敗的人，全都是刺客或暴君。」我們知道，人們帶著何等的仇恨迫害吉倫特派、丹敦派、埃貝爾派（Hebertists）、羅伯斯比爾派等人，這種仇恨即使敵人死亡也難以平息。

造成這種情緒的主要原因之一，是這些狂熱的教派成員，作為掌握絕對真理的使徒，就像所有信徒一樣，無法忍受異教徒的存在。這種源於神祕感或情感的絕對信念，往往會驅使信徒強迫他人接受自己的觀點。他們從不懷疑自己的信仰，一旦掌握了權

力，就會毫不猶豫地對異己進行大規模屠殺。

如果引起革命者間分裂的仇恨源於理性因素，那麼它們並不持久，但若源於情感和神祕因素，人們既不能忘記也不會原諒。這些仇恨的源頭在不同的黨派中是相同的，因此它們在各個方面都以相同的暴力表現出來。

有文件證明，吉倫特派的兇殘程度，絲毫不亞於山嶽派。他們與佩蒂翁（Petion）一樣，是第一個宣布被征服者應該滅亡的人。奧拉德認為，他們還試圖為九月的大屠殺辯護。我們不能簡單地將恐怖視為一種防禦手段，而應將其視為勝利者對待敵人而進行的毀滅過程。能夠容忍最大思想差異的人，卻不能容忍信仰的分歧。

在宗教或政治戰爭中，戰敗者絕無可能獲得喘息的機會。從蘇拉（Sulla）殘殺兩百名元老院議員、五六千名羅馬人、到鎮壓公社的勢力，在勝利後槍殺超過兩萬人的例子來看，這條血腥的法律從未失效過。過去一再證明了這一點，未來無疑也將如此。

革命的仇恨不完全源於信仰的分歧。其他情感像是嫉妒、野心和自私，也助長了這些仇恨。渴望權力的個人之爭，最終導致各派領袖接連走上斷頭台。

此外，我們還必須記得，分裂的需求以及由此產生的仇恨，似乎是拉丁民族心智的構成要素。它們讓高盧（Gaulish）的祖先失去了獨立，也曾打擊過凱撒。

他說：「沒有哪個城市，不是分裂成兩派；沒有哪個區域、村莊、房子裡，不存在黨派精神。很少有哪一年不發生某個城市拿起武器攻擊或擊退鄰居的情況。」

人類最近才進入知識時代，迄今為止一直以情感和信仰為指導，因此我們可以認為仇恨作為人類歷史的一個因素，具有巨大的重要性。

戰爭學院（the College of War）的教授科林（Colin）指揮官，談到這種感覺在某些戰爭的重要性時說：

「在戰爭中，沒有比仇恨更能鼓舞人心的力量了；正是仇恨使布呂歇爾（Blucher）戰勝拿破崙。分析最精彩的戰略、最決定性的行動，如果它們不是由一個傑出的人，如菲德瑞克（Frederick）或拿破崙所完成的，你會發現它們更多是受激情所啟發，而非算計。假如沒有我們對德國人的仇恨，1870 年的戰爭會是什麼樣子呢？」

作者或許可以說，日本人對俄國人如此　烈的仇恨，正是導致他們成功的原因之一，因為俄國人曾經深深地羞辱了他們。俄國士兵對日本人的存在一無所知，並且對他們沒有敵意，這是他們失敗的原因之一。

在革命時期，確實有很多關於兄弟情誼的討論，到今日更是如此。和平主義、人道主義和團結已成為先進黨派的口號，但我們知道這些詞彙背後所隱藏的仇恨是何等深重，以及現代社會面臨著怎樣的危險。

恐懼——在革命中，恐懼幾乎與仇恨一樣佔有重要的地位。在法國大革命期間，有許多個人英勇事蹟的例子，也有許多集體懦弱的表現。

如果我們重讀革命議會的歷史就會發現，國民公會成員面對斷頭台總是勇敢至極；但在侵入議會的暴亂分子面前，卻又過度膽小，甚至服從最荒謬的命令。

這個時期出現了各種形式的恐懼。其中最普遍的一種，是表現得過於溫和的恐懼。議會成員、檢察官、「執行任務」的代表、革命法庭的法官等等，都試圖顯得比他們的對手更先進。恐懼是這段時期犯罪的主要因素之一。如果通過某種奇蹟可以從革

命議會中消除它，那麼他們的行為就會與實際上完全不同，革命本身也會走向非常不同的方向。

在正常情況下，野心、嫉妒、虛榮等這些不同情感因素的影響會受到社會需要的強制限制。例如，野心在階級社會中必然受到限制。儘管士兵有時確實會成為將軍，但這只是在長期服役之後才有可能。然而，在革命時期則無須等待。每個人都可能立即升官，喚醒了每個人內在的野心。在最卑微的人眼中，自己都配得上最高的職位，正是因為這個想法，他的虛榮心才會膨脹到無以復加的地步。

當所有熱情都被點燃，包括野心和虛榮，我們看到了對那些比其他人更快成功的人所產生的嫉妒與羨慕的發展。

在革命時期，嫉妒情緒總扮演著重要角色，而法國大革命更是如此。對貴族階級的嫉妒，是其中最重要的因素之一。中產階級的能力與財富不斷增加，甚至已經超越了貴族。儘管他們與貴族階級的交流日益頻繁，但仍然感受到被排擠在外，這種感覺令他們耿耿於懷。這種心態不知不覺讓資產階級成為了平等哲學主義的忠實支持者。

在當今貴族社會影響力微乎其微的時代，我們很難想像昔日

那些根植於受傷的自尊心和嫉妒的仇恨會如此強烈。國民公會的許多成員，包括卡里耶、馬拉特和其他一些人，都憤怒地記著他們曾經在大貴族機構裡擔任過低下職務。羅蘭（Roland）夫人永遠無法忘記，在舊制度下，當她和她的母親應邀去一位貴婦人的府邸時，她們被送到僕人的住處用餐。

哲學家里瓦羅爾在以下被泰納引用的段落中，非常精闢地描述了受傷的自尊與嫉妒對革命仇恨的影響：

「最令國民憤怒的不是賦稅，不是苛捐雜稅，也不是其他濫用權力的行為；不是官吏的罪惡，也不是司法的長期拖延，而是貴族的偏見，人民對此表現出極大的仇恨。正是資產階級、文人、財主，實際上是所有嫉妒貴族的人，煽動城市裡的窮苦居民和鄉村農民去反對貴族。」

這個非常正確的說法，在某種程度上證明了拿破崙的名言：「虛榮製造了革命；自由只是藉口。」

狂熱——革命先驅的狂熱，足以媲美穆罕默德信仰的使徒。這確實是第一屆議會的資產階級想要創立的宗教。他們認為只要

摧毀舊世界，就能在廢墟上建立了一個新世界。從未有過如此誘人的幻象誘惑著人們的心靈。新教條所宣揚的平等和博愛，將會為所有人帶來永恆的幸福。人類將永遠與野蠻和黑暗的過去決裂。未來，再生的世界將被純粹理性的清澈光芒照亮。所有的人都在用最華麗的演說辭藻，讚美這預期中的黎明。

這種熱情之所以這麼快就被暴力取代，是因為這種覺醒是迅速且可怕的。人們可以輕易地想像革命使徒如何憤怒地攻擊阻礙他們夢想的障礙。他們曾試圖拒絕過去、忘記傳統、重新改造人類。但是過去不斷重現，人們卻拒絕改變。改革者在前進的路上受阻，但他們不願放棄。他們試圖用武力實行獨裁統治，這種獨裁統治很快讓人們對於被廢除的制度感到後悔，最終導致同樣的制度又再捲土重來。

值得一提的是，儘管革命議會最初的熱情並沒有維持下去，但在軍隊中卻延續了更長的時間，並且成為軍隊的主要力量。事實上，革命軍隊早在法國成為共和國之前就已經是共和制的了，並且在法國不再是共和國之後，仍然維持共和政體。

本章探討的性格類型，受到共同的渴望和相同的環境變化所制約，最終具體表現在在少數幾種相當一致的心理狀態。僅就較

具代表性的類型而言，我可以將它們歸納為四種：雅各賓派、神

祕主義者、革命家和犯罪者心態。

第二章

神祕主義思維與雅各賓思維

1. 革命時期主導的心態分類

沒有分類，科學研究就無從談起，而沒有分類，就必須在連續中建立不連續，因此，分類在某種程度上是人為的。但它們又是必要的，因為只有以非連續的形式才能獲得連續的結果。

要對革命時期可觀察到的各種心態進行廣泛區分，就像我們即將做的那樣，顯然是將相互蠶食、融合或重疊的元素分開。為了獲得清晰度，我們必須在精確度上稍作犧牲。前一章節末列舉的基本類型，正是我們即將描述的類型，它們綜合了許多群體，若要試圖分析其所有複雜性，這些群體都將超出分析範圍。

我們已經證明，人類受制於不同邏輯的影響，這些邏輯在正常情況下會並存，互不影響。在各種事件的作用下，它們開始相互衝突，彼此間無法化解的差異會顯而易見的表現出來，導致巨

大的個人與社會動盪。

　　我們即將探討的神祕邏輯，在雅各賓派思想中扮演著非常重要的角色。然而，神祕邏輯並非獨占作用。根據不同的情況，情感邏輯、集體邏輯以及理性邏輯等其他形式的邏輯也可能占主導地位。

2. 神祕主義心態

　　暫且不論情感、理性和集體邏輯的影響，我們將僅關注神祕元素在許多革命中，特別是在法國革命中所起的重要作用。

　　神祕主義氣質的主要特徵，在於將神祕力量歸因於優越的存在或力量，這些力量以偶像、崇拜物、語言或咒語的形式出現。

　　所有宗教信仰以及大多數政治信念的核心，都存在著神祕的精神要素。如果剝除這些神祕要素，後者往往會煙消雲散，因為這些要素正是它們主要的支撐力量。

　　神祕主義邏輯與它所引導的情感和激情衝動相輔相成，構成了人民運動的力量。那些運動的參與者，即使為了最合理的理由都不願犧牲生命，卻可能為了深信不疑的神祕理想而甘願奉獻一切，甚至付出生命。

革命的原則迅速點燃了一股神祕的熱情浪潮，與此前各種宗教信仰所引發的熱情相似。他們所做的，不過是改變了幾個世紀以來逐漸固化的傳統思想與信念的方向而已。

因此，國民公會成員狂熱的野蠻行徑並不出人意料，他們的神祕心態與宗教改革時期的新教徒是一樣的。恐怖統治的主要人物，像庫東（Couthon）、聖茹斯特（Saint-Just）、羅伯斯比爾等人，就如同波利約克特（Polyeuctes），為了傳播信仰而摧毀異教祭壇，他們夢想改造整個世界。他們的熱情遍及全球，深信宏偉的口號足以顛覆王權，毫不猶豫地向君王宣戰。由於堅定的信仰總是優於懷疑的信仰，他們在面對整個歐洲時取得了勝利。

革命領袖的神祕主義精神，在其公共生活的枝微末節中被揭露無遺。羅伯斯比爾深信自己得到了上帝的支持，他在一次演講中向聽眾保證，「自古以來」，「至高無上的存在」就已經「下令建立共和國」。他以國教最高教長的身份，讓國民公會表決通過了一項法令，宣布「法國人民承認至最高存在者的存在和靈魂的永生」。在獻給這位最高存在者的慶典上，他坐在一個寶座上，發表了長篇佈道文。

在羅伯斯比爾的領導下，雅各賓俱樂部最終掌握了所有委員

會的職能。他宣稱：「有一個偉大存在的理念，他看護著受壓迫的無辜者，懲罰著勝利的罪行。」

所有批評雅各賓正統思想的異端分子都被逐出教會，送往革命法庭，最後被送上斷頭台。

羅伯斯比爾最為人稱道的神祕思維並未隨他而逝。今日的法國政治家中，仍有與他相同思維的人。他們不再以宗教的名義統治人心，而是將政治理念視為新的信仰。一旦掌握權力，他們就會不擇手段地強迫他人接受自己的觀點，就如同當年的羅伯斯庇爾一樣，甚至不惜訴諸暴力。歷史上，所有狂熱的信徒都秉持著同樣的邏輯：只要能讓更多人信奉自己的信仰，任何手段都可以被合理化。

因此，羅伯斯比爾仍有許多崇拜者是很自然的。像他這樣的思想家數以千計。他的思想並沒有隨著他被送上斷頭台。他的思想和人性一樣古老，只會隨著最後一個信徒的逝去而消失。

大多數的歷史學家都忽略了所有革命的神祕性。長久以來，他們仍試圖用理性邏輯來解釋一系列與理性無關的現象。我已經引用過拉維斯和蘭博的描述，解釋了宗教改革是「極度虔誠的良知和大膽勇敢的理性，向普通民眾提出的個人自由思考的結果。」

　　那些認為這些運動的起源是理性的人，永遠不會理解這些運動。無論是政治還是宗教，推動世界發展的信仰都有一個共同的起源，並遵循相同的規律。它們不是由理性形成的，更多時候是與理性背道而馳的。佛教、基督教、伊斯蘭教、宗教改革、巫術、雅各賓主義、社會主義、靈性主義等等，似乎是非常不同的信仰形式，但我要重申，它們有著相同的神祕性和情感基礎，並遵循著與理性邏輯毫無關係的邏輯形式。它們的強大之處恰恰在於，理性既不能創造它們，也不能改變它們。

　　我從一份主要期刊上引述了一篇一位部長的文章，文中強烈地體現了我們現代政治使徒的神祕主義心態：

　　人們可能會問，某某人屬於哪一類人呢？難道可以說他是屬於無神論者的一份子嗎？絕不是這樣！無疑的，這個人並沒有信奉任何既定的信仰；當然，他確實詛咒羅馬和日內瓦，拒絕所有傳統的教條和所有已知的教會。然而，即使他徹底剷除一切，最終也只是想在清理乾淨的廢墟上建立自己的教會，一個比所有既存教派都更加教條僵化的教會。他的宗教裁判所，其殘暴的偏狹將使

最臭名昭彰的托爾克馬達（Torquemada）都將黯然失色。

他說，「我們不能允許像學術中立這樣的事情。」我們要求全面的平民教育，因此我們是教育自由的敵人。如果他沒有建議豎立木樁和火堆，那只是因為他被迫在某種程度上考慮到風俗的演變，無論他願意與否。但是，由於無法將人送上刑場，他只好動用世俗的力量，將他們的學說判處死刑。這正是偉大的宗教裁判官的觀點。這也是對思想的攻擊。這種精神是如此自由，以至於他不接受的每一種哲學在他看來不僅荒謬怪誕，而且是犯罪。他自以為是地認為，只有他才掌握著絕對真理。他如此確信這一點，以至於所有與他唱反調的人在他看來都是可惡的怪物和公敵。他絲毫不懷疑他的個人觀點終究只是假設，而且正因為他的觀點否認神性，他對他們宣稱神聖權利的行為更顯可笑，或者至少他們自稱是這樣做的。但他們以另一種形式重新建立了神性，這立刻讓人懷念舊的信仰。他是理性女神的狂熱信徒，他將理性女神變成了一個摩洛克神，一個渴望犧牲的暴虐神祇。除了他自己和朋友，任何人都不再有思想自由；這

就是他的自由思想。這種前景確實很吸引人。但也許在過去的幾個世紀裡，太多的偶像被推翻了，以至於人們無法在這個偶像面前跪拜。

為了自由，我們必須希望這些陰鬱的狂熱分子永遠不會成為我們的主人。

有鑑於理性力量在神祕信仰面前的無聲支配力，試圖討論革命或政治理念的理性價值，顯然是徒勞無功的。真正值得我們關注的是它的影響力。儘管「人類平等」、「人性本善」等理念在現實中屢屢碰壁，但卻能激發人們強烈的行動力，成為推動歷史發展的重要動力。

3. 雅各賓思維

雖然「雅各賓思維」這個詞並不真正屬於任何真正的分類，我在這裡使用它，是因為它總結了一種清晰定義的組合，構成了一種真正的心理種類。

這種心態支配著法國大革命時期的人們，但並不是他們所特有，因為它仍然代表著我們政治中最活躍的因素之一。

我們已經考慮過的神祕主義心態是雅各賓思想的一個基本要素，但它本身並不足以構成雅各賓派思想。還必須加上其他因素，接下來我們將要研究這些因素。

雅各賓派絲毫不懷疑他們的神祕主義。相反地，他們聲稱只受純粹理性的指導。在革命期間，他們不斷地引用理性，並將其視為他們唯一的行為指南。

大多數歷史學家都接受了這種對雅各賓思想的理性主義觀念，泰納也陷入了同樣的錯誤。他認為雅各賓派的許多行為源於對理性主義的濫用。然而，他論述這一主題的篇幅包含了許多真理，而且這些真理在其他方面非常引人注目，因此我在此轉載其中最重要的段落：

在人類物種中，誇大的自戀與教條式的推理並不罕見。這兩種雅各賓精神的根源，在每個國家都隱約可見，且無法摧毀。……當二十歲的年輕人剛踏入社會的時候，他的理性與自尊心會同時受到刺激。首先，無論他身處何種社會，對純粹的理性而言，這都是可鄙的，因為它不是由一位哲學立法者根據一項原則所構建，而是一代

又一代人根據他們多種多樣、不斷變化的需求來安排的。這不是邏輯的作品,而是歷史的作品,年輕的推理家在看到這座老建築時聳了聳肩,它的地點是任意的,它的建築是不連貫的,它的不便是顯而易見的....大多數年輕人,尤其是那些有出路的年輕人,在大學畢業時或多或少都是雅各賓派……雅各賓主義誕生於社會的分解,就像蘑菇誕生於發酵的土壤一樣。想想它的思想遺跡,羅伯斯比爾和聖茹斯特的演講、立法議會和國民公會的辯論、吉倫特派和山嶽派的長篇大論、演說和報告。人們從來沒有說得這麼多,卻又說得這麼少;空洞的言辭和膨脹的強調,淹沒了單調乏味下可能存在的任何真理。雅各賓對推理大腦中的幻影充滿敬意;在他眼裡,這些幻影比活人更真實,他們的選舉權是他唯一承認的選舉權:他將真誠地走在虛構的追隨者隊伍前。他按照自己的形象創造出的千百萬形而上的意志,將通過一致的贊同來支持他,他將像一個勝利和歡呼的合唱,將自身的內在迴響投射出去。

在欣賞泰納的描述時，我認為他並沒有完全掌握雅各賓派的心理。

真正雅各賓派的思想，無論在革命時期或現在，都是由一些元素組成的，如果我們要理解它的功能，就必須分析這些元素。

這項分析首先顯示，雅各賓並非理性主義者，而是一位信仰者。他並非基於理性來建立他的信仰，反而是將理性塑造成他的信仰，儘管他的演說充滿了理性主義，但在思考和行為中與理性無多大相關。

據說雅各賓派經常運用理性，但如果他們真的像被指控的那樣經常運用理性，那麼他們偶爾會被真正的理性所打動。然而，從革命時代到今日，觀察證明，雅各賓派從未被任何推理的論點所影響，無論這些論點多麼公正，而他的力量恰恰就在這裡。

為什麼他不能接受理性呢？只因為他對事物的看法總是極為侷限，內心強烈的激情和衝動，會驅使他執著地追求目標，而忽略了理性的聲音。

除了微弱的理性和強烈的激情外，還有另一種因素也是構成雅各賓的心態。

激情支撐著信念，但不會產生信念。現在，真正的雅各賓派

擁有堅定的信念。誰來維持它們呢？在這裡，我們已經研究過的神祕主義元素開始發揮作用。雅各賓派是一個以新神祇取代舊神祇的神祕主義者。他深受文字和規則力量的影響，也為此神祕力量賦予文字和規則。為了服務這些要求甚高的神祇，他不惜採取最粗暴的手段。現代雅各賓派投票通過的法律就證明了這一點。

雅各賓派的思想尤其體現在狹隘和熱情的人物身上。事實上，它意味著一種狹隘和僵化的思想，除了信仰之外，無法接受任何批評和考慮。

雅各賓派的思想深受神祕主義和情感因素影響，使他過度簡化事物的複雜性。他只關注事情的表面關係，很容易把自己腦海中的虛構幻象當成現實。他們不能理解事件的因果關係，只沉浸在自己的幻想中，因而無法看清世界的真相。

正如我們所見到，雅各賓派超越常人的地方，並非在於邏輯理性的發展。事實上他們擁有這種形式邏輯的人少之又少，因此往往變得危險。當一個優秀的人會猶豫或停頓時，雅各賓派分子卻會義無反顧地向前邁進，因為他們將其孱弱的理性置於服務衝動之下。

所以，儘管雅各賓派是偉大的推理者，這並不意味著他真的

受到理性的指引。當他幻想自己是被理性引導時，實際上是激情和神祕主義在引導他。就像所有被信仰之牆困住，且深信不疑的人一樣，他永遠無法從中逃脫。

他是一位真正咄咄逼人的神學家，與前一章所描述喀爾文的門徒驚人地相似。在信仰的催眠下，沒有什麼能阻止他們達成目標。所有與他們的信仰相悖的人都被認為是該死的。喀爾文信徒似乎也是強大的推理者。就像雅各賓派一樣無知，對引導他們的祕密力量一無所知，他們認為理性是他們唯一的指導，而實際上他們卻是神祕主義和激情的奴隸。

真正理性主義的雅各賓派是不可理喻的，只會讓理性絕望。相反地，熱情而神祕的雅各賓派人物卻很容易被理解。

薄弱的推理能力、強烈的激情，與濃厚的神祕主義就是組成雅各賓派思想的主要因素。

第三章

革命與犯罪的心態

1. 革命心態

我們剛剛看到，神祕主義是雅各賓派心態的主要因素之一。現在我們將看到，它們進入了另一種形式的心態，這種心態也有明確的定義，那就是革命心態。

古往今來，社會中都有一些不安分的靈魂，他們情緒不穩，心懷不滿，隨時準備反抗任何既定的秩序。他們只是喜歡造反，如果某種神奇的力量能夠實現他們的所有願望，他們就會再次造反。

這種特殊的心態，往往是個人對周圍環境的不適應，或者是過度神祕主義造成的，但也可能僅僅是個性問題，或病理性的干擾所造成的。

反抗的需求會呈現出不同強度，從簡單地用語言表達對人事

物的不滿，到極端的要摧毀它們都有可能。有時，個人會將他無法用其他方式行使的革命狂熱轉向自己。俄國到處都是這樣的瘋子，他們不滿足於縱火或向人群投擲炸彈，最後還自殘，就像斯科普齊人（Skopzis）和其他類似的教派一樣。

這些永遠的叛逆者通常都是極容易受暗示的人，他們的神祕心態被固定的想法所迷惑。儘管他們精力充沛，但實際上性格軟弱，無法充分控制自己，抵抗支配他們的衝動。神祕主義為他們的暴力行為提供了藉口，使他們能夠自詡為偉大的改革者。

在正常情況下，每種社會中的叛逆者都會受到法律和環境的約束，簡而言之，就是受到所有常見的社會約束，因此不會被發現。但是，一旦動亂時期來臨，這些約束就變得薄弱，叛逆者會自由地釋放本能。於是，他就成了一場運動的公認領袖。對他來說，革命的動機並不重要；他可以毫不猶豫為了紅旗或白旗，或為了解放可能聽說過的國家，獻出自己的生命。

革命精神並不總是被推向極端而變得危險。當它不是源自情感或神祕的衝動，而是具有理智起源時，就可能成為進步的來源。多虧了具有獨立思想的革命精神，當傳統和習慣的枷鎖變得過於沉重時，文明才得以擺脫這種枷鎖。科學、藝術和工業的進

步尤其離不開這些人的幫助。伽利略、拉瓦節、達爾文和巴斯德就是這樣的革命者。

雖然國家不需要擁有過多革新精神的人才，但卻是不可或缺的。沒有他們，人類可能仍然住在山洞裡。

革命性的大膽發現，意味著非常罕見的能力。它尤其需要一種不被當前觀點影響的獨立精神，以及在表面相似性之下洞悉隱藏真相的判斷力。這種形式的革命精神是創造性的，而先前提到的則是破壞性的。

因此，革命心態可以比擬為個體生活中的某些生理狀態，這些狀態在正常狀況下是有益的，然而一旦過度強化，就會變成一種病態，帶來永恆的危害。

2. 犯罪心態

不可避免的，所有文明社會都會有一群墮落、無法適應社會以及受各種玷污影響的人。在大城市裡，遊民、乞丐、逃犯、盜賊、刺客和那些苟延殘喘的餓鬼，就是構成其中的犯罪人口。在平常時期，這些文明的廢棄物或多或少都受到警察的約束。在革命期間，沒有任何事物可以約束他們，他們可以輕易滿足殺戮和

掠奪的本能。無論何時，暴徒總能從社會的渣滓中找到新血。他們只渴望殺戮和劫掠，至於誓死捍衛的理念，對他們來說根本微不足道。如果被攻擊的一方能提供更好的殺戮和掠奪機會，他們將毫不猶豫地改變立場。

在這些真正的罪犯（所謂社會無法根除的瘟疫）以外，我們還必須加上半犯罪者這一類人。他們偶爾會作惡，只要既定秩序的恐懼約束著他們，就不大可能叛亂；一旦恐懼削弱，他們就會加入革命的軍隊。

慣犯和偶犯這兩種類型的罪犯，形成了一支只適合製造混亂的軍隊。所有的革命家，所有的宗教或政治聯盟的創始人，都一直依賴他們的支持。

我們先前已經提到，這個帶有犯罪心態的族群，在法國大革命期間發揮了相當大的影響力。他們總是出現在暴動的最前線。某些歷史學家懷著崇敬與激動的心情，談論著主權人民如何將其意志強加於國民公會，他們手持長矛衝入議事廳，甚至在矛尖上還裝飾著剛被砍下的頭顱。如果我們分析一下這些所謂主權人民代表團的構成要素，就會發現除了少數順從領袖的淳樸靈魂，其他幾乎完全是由我們談論的這些土匪所組成的。他們製造了無數

的謀殺案，九月大屠殺和朗巴勒親王妃慘案只是典型的例子。

　　他們恐嚇了包括制憲會議到國民公會的所有議會，並在長達十年間，幫助蹂躪法國。如果這支犯罪軍隊能夠被奇蹟般地消除，革命的進程將會非常不同。他們讓大革命血流成河。他們所做的一切完全是違反理智的事。

第四章

革命群眾的心理

1. 群眾的一般特徵

無論革命的起源是什麼，只有當它們滲透到群眾的靈魂深處時，才能產生充分的效果。因此，革命是群眾心理的結果。

雖然我在另一本書中詳細研究過群眾心理學，但我必須在此回顧一下它的主要法則。

個人融入群眾之中，便與單獨一人的樣貌截然不同。有意識的個性會消失在群眾的無意識人格之中。

物質上的接觸並不是使個人產生從眾心理的絕對必要條件。由某些事件引發的共同激情和情感，往往就足以產生這種心理。

瞬間形成的集體思維是一種非常特殊的集合體。它的主要特點是完全由無意識元素主導，並受制於一種特殊的集體邏輯。

在眾多的群眾特徵中，我們必須注意到他們容易輕信他人，

誇大的感性，短視，以及對理性毫無反應等的幾項特點。肯定、傳染、重複和聲望幾乎是說服他們的唯一手段。現實和經驗對他們毫無影響。在群眾眼中，沒有什麼事情是不可能接受的。

　　由於群眾極度敏感，他們的情感，無論好壞，總是會被誇大。這種誇大在革命時期會進一步加劇。任何一點點的刺激都會導致群眾以極大的憤怒採取行動。他們原本就很容易相信別人，在這種時刻會進一步上升，最難以置信的說法也會被接受。英國改革派反對者亞瑟・楊格（Arthur Young）說，在法國大革命時期，他旅行至克萊蒙（Clermont）泉水邊時，他的嚮導被人們攔住了，他們認為他是奉女王的命令來挖礦和炸毀這座城市的。當時流傳著關於王室的最恐怖的傳說，將王室描繪成食屍鬼和吸血鬼的巢穴。

　　各種情況顯示，群眾在文明程度上會大幅度退化，瞬間變成野蠻人，具備野蠻人所有的缺點和優點，如暴力行為、熱情和英雄主義。而在智力領域，群體永遠低於獨立的個體。但在道德和情感領域，它可能比個體更優秀。群眾可以輕易地進行犯罪，也能夠輕易地做出無私奉獻的行為。

　　個人特質在群眾中會消失殆盡，而集體行為會深刻影響身處

其中的個體。吝嗇者會變得慷慨，懷疑論者會變成信徒，正直的人會淪為罪犯，懦夫會化身為英雄。法國大革命期間，這種轉變比比皆是。

作為陪審團或議會的一部分，群體做出的裁決或通過的法律是在個體獨立思考的狀態下做夢也想不到的。

群體對個人產生的最顯著影響就是情感和意志的統一。這種心理上的統一，賦予人群一種顯著的力量。

形成這種精神統一的主要原因是，在人群中，手勢和行動極具感染力。憎恨、憤怒或愛的歡呼會立即得到認可並被重複。

這些共同情感、共同意志的起源是什麼？它們是通過感染傳播的，但在這種感染生效之前，必須有一個出發點。沒有領導者，群眾就是一個無法定形的實體，無法採取行動。

要想解讀我們革命的要素，要想理解革命集會的行為以及個人的奇特變化，就必須了解群眾心理。在集體靈魂的無意識力量推動下，他們往往會說出他們原本不想說的話，投出他們本不想投的票。

儘管優秀的政治家有時會本能地洞察到集體心理的規律，但大多數政府並不理解，也不懂這些規律。正是因為它們不了解這

些規律，許多政府才會如此輕易地倒台。當我們看到某些政府被一場微不足道的騷亂輕易推翻，就像路易‧菲利普王朝那樣，你就會知道主政者不了解群眾心理有多危險。1848年指揮軍隊的元帥當然不知道，他顯然不明白，一旦讓人群與軍隊混在一起，軍隊就會因受到暗示和感染而癱瘓，不再履行職責。他也不知道，由於群眾對威信極為敏感，因此需要大張旗鼓地展示武力才能打動他們，而這樣的展示會立即壓制住敵對的示威。他同樣不知道，所有的集會都應立即驅散，以上這些結論都是經驗的累積。但在1848年，人們還沒有領悟到這些道理。在大革命時期，人們對群眾心理更是一無所知。

2. 種族心智的穩定性如何限制群眾心智的波動

在某種意義上，人民可以被比喻為群眾。它擁有某些特質，但這些特質的波動受到種族靈魂或心智的限制。種族的心智具有群眾轉瞬即逝的意識所沒有的穩定性。

當一個民族擁有悠久的歷史，及深厚的文化傳承時，民族精神就會深深烙印在群眾的靈魂之中。

人民與群眾的不同之處在於，人民是由不同群體組成的，

每個群體都有不同的興趣和激情。在所謂的群眾中（例如民眾集會），存在著可能屬於不同社會類別的統一性。

一個民族有時看似像群眾一樣流動，但我們不能忘記，在其流動性、熱情、暴力和破壞性的背後，種族思想中極其頑強和保守的本能依然存在。大革命及其後一個世紀的歷史顯示，保守精神是如何最終戰勝破壞精神的。一些被人民摧毀的政府制度最後還是被人民恢復的。

要影響一個民族的思想，也就是種族的心靈，並不像對一般大眾那樣容易。必須要採取間接而緩慢的手段，如期刊、會議、演講、書籍等。至於說服的元素就如同先前的結論，須包含肯定、重複、威望和感染。

心智感染可能會瞬間影響整個民族，但更常見的情況是，它在群體之間緩慢地潛移默化。法國宗教改革就是這樣傳播開來的。

一個民族遠不如一群人那麼容易激動，但在某些事件上，像是民族侮辱、入侵威脅等等，可能會瞬間激起他們的情緒。這種現象在大革命期間曾多次出現，特別是在領導普奧聯軍的布倫瑞克公爵（Duke of Brunswick）發表無禮宣言的時候。公爵不大了解法國人的心理，他不僅嚴重損害了路易十六，也損害了自己的

事業，因為他的干預，從土地上喚起了一支渴望與他戰鬥的軍隊。

　　所有國家都曾發生過這種整個民族情感突然爆發的情況。拿破崙在入侵西班牙和俄國時，並不了解這種爆發的力量。人們可以輕而易舉地瓦解一個群眾膚淺的思想，但在一個種族永恆的靈魂面前卻無能為力。當然，俄國農民是一個非常冷漠的群體，天性粗魯而狹隘，但一聽到侵略的消息，農民會立刻改變。讀一讀亞歷山大一世皇帝（Emperor Alexander I）的妻子伊麗莎白寫的一封信，就可以判斷出這一事實。

　　從拿破崙越過我國邊境的那一刻起，就好像一道電光在整個俄國蔓延開來；如果其廣大的地域能夠讓消息同時傳遍帝國的每一個角落，我相信會有一聲可怕的憤怒之吼響起，我相信它會響徹雲霄。隨著拿破崙的步步進逼，這種情緒越來越強烈。那些傾家蕩產或幾乎傾家蕩產的老人說：『我們會找到活路的。任何事情都勝過可恥的和平。』有親人投身軍旅的婦女都認為，她們所面臨的危險是次要的，她們唯一害怕的就是和平。慶幸的是，這個對俄國來說猶如死刑的和平不會發生；皇帝陛下甚

至連想都不會去想，即使他想，他也做不到。這就是我
們立場。

皇后向她的母親描述了以下兩種特質，這些特質在某種程度
上展現了俄國靈魂所能承受的抵抗程度：

法國人在莫斯科抓住了一些不幸的農民，他們打算強迫
這些人在他們的隊伍裡服役，為了不讓他們逃跑，法國
人在他們的手上烙印，就像在馬廄裡給馬打上烙印一
樣。其中一個人問這個印記是什麼意思，他被告知這表
示他是一名法國士兵。這個人說：「什麼！我是法國皇帝
的士兵。」他立刻拿起斧頭，砍下自己的手，扔到對方腳
下並說：「拿回去吧，這是你們的印記！」

在莫斯科，法國人也抓了幾十個農民，他們想殺一儆
百，以嚇唬村民。因為村民正在趕走法國的掠奪隊伍，
並與正規軍分隊開戰。他們把這些農民排在牆邊，並用
俄語宣讀他們的判決。法國人等著農民求饒，但他們沒
有這樣做，而是互相告別，並做了十字手勢。法國人向

他們的第一個人開槍，等著其餘的人在驚恐中求饒，並保證改變他們的行為。他們向第二個人開槍、向第三個人開槍，就這樣，二十個人中沒有一個人試圖懇求敵人的寬恕。拿破崙在那場戰爭中從未聽到俄國人的求饒。

在群眾心理的特徵中，我們必須提到的是，在所有民族和所有時代中，都充斥著神祕主義。人們總是深信那高高在上的存在，像是神靈、政府或偉人等，相信他們擁有隨意改變事物的力量。這種神祕主義產生了強烈的崇拜。人民必須有一個信仰，要麼是一個人，要麼是一種學說。正因如此，當受到無政府狀態的威脅時，人們就會呼喚救世主來拯救他們。

就像群眾一樣，人民很容易從崇拜變成仇恨，但速度更慢。一個人可能在某個時期是人民的英雄，但最終卻會招致人民的唾罵。人民對政治人物的看法轉瞬改變是屢見不鮮的。英國政治家奧立佛・克倫威爾（Oliver Cromwell）為我們提供了一個非常有趣的例子。[1]

1　在推翻王朝、拒絕王冠後，他卻像國王般地被安葬在諸王之中。兩年後，他的遺體被

4. 領導者在革命運動中的角色

我們一再重申，所有類型的群眾，無論是同質還是異質，是集會、民族，還是俱樂部等，只要找不到領導者，就只是一群無法團結和行動的集合體。

我曾在其他地方運用一些生理學實驗證明，群體的集體潛意識似乎與領導者的思想緊密相連。領導者賦予群體單一的意志，並強制其絕對服從。

領導者尤其是透過暗示來發揮作用。他的成功取決於引發暗示的方式。許多實驗顯示，群眾有多容易被暗示。[2]

從墓中挖出，劊子手砍下他的頭顱，陳列在國會議事堂大門之上。不久前，卻有人為他豎立雕像。這位曾經從無政府主義者變成專制者的人，如今搖身一變，成為半神英雄譜中的一員。

2　為了證明這一事實，格洛森（Glosson）教授在他授課班上進行了大量實驗，其中最引人注目的一項實驗發表在 1899 年 10 月 28 日的《科學雜誌》上。
「我仔細地準備了一瓶裝滿蒸餾水的瓶子，用棉花包裹並放在盒子裡。在進行了幾次其他實驗後，我表示希望測量一種氣味在空氣中擴散的速度，並要求在場的人聞到氣味時舉手。我拿出瓶子，將水倒在棉花上，操作過程中我將頭轉向一邊，然後拿起碼錶等待結果。我解釋說，我絕對確定在場的任何人都沒有聞過我所灑出的化學氣味。在十五秒後，前方的大多數人已經舉手，而在四十秒內，氣味已經蔓延到大廳後方。大約四分之三的在場者表示他們聞到了這種氣味。毫無疑問，如果我沒有在實驗結束前一分鐘被迫叫停，肯定會有更多人屈服於暗示。因為前排的一些人表示因為氣味難聞而感到不適，希望能離開大廳。」

依照領導者的暗示，群眾會保持冷靜、憤怒、犯罪或英勇。這些各式各樣的暗示有時看起來似乎具備理性的面向，但它們只是表面上看起來合理。群眾本質上並無法被理性所影響，唯一能影響它們的，永遠都只是以形象喚起的情感。

革命歷史在每一頁上都清楚地展示了，領導者如何輕易地激起群眾最矛盾的衝動。我們看到，在吉倫特派、埃貝爾派、丹敦派和恐怖份子取得勝利時，群眾報以熱烈的掌聲，而在他們相繼倒台時，群眾也報以熱烈的掌聲。我們也可以非常確定，群眾對這些事情一無所知。

人們只能模糊地理解領導者所扮演的角色，因為他們通常是在暗處工作。為了清楚地了解這一點，我們必須在當代事件中研究他們。如此就會發現，領導者是多麼容易挑起最激烈的群眾運動。我們在這裏指的不是郵政人員或鐵路工人的罷工，在這些罷工中，員工的不滿情緒可能會起到一定作用，我們要討論的是群眾絲毫不感興趣的事件。例如，在西班牙處決加泰隆尼亞無政府主義代表費雷爾（Ferrer）的當日，一些社會黨領袖煽動巴黎群眾起義。法國民眾從未聽說過費雷爾。他的處決幾乎未引起任何注意。在巴黎，幾個領導者的煽動就足以讓一支規模龐大的民眾軍

隊衝向西班牙使館，意圖燒毀使館。部分駐軍不得不出動保護使館，擊退襲擊者。最後他們只洗劫了幾家商店，築起了一些路障。

在此同時，領導者又再一次證明了他們的影響力。領導者終於明白，焚燒外國使館可能會帶來極大的危險，於是下令在第二天舉行和平的示威遊行。群眾的服從程度，就像他們下達進行暴動命令時一樣。沒有比這更能說明領袖的重要性和群眾服從性的例子了。

從米榭勒到奧拉德，歷史學家都認為革命群眾是在沒有領導者的情況下自發行動，這說明他們從未了解革命群眾的心理。

第五章

革命集會的心理

1.偉大革命集會的心理特徵

偉大的政治集會，例如議會，它就好比人群，組成份子意見各異，因此無法有效採取行動。

這些群體出於不同的利益驅動，因此我們必須將集會視為由異質人群疊加而成，每個群體有不同的領導者，遵循其內部的規律。只有在特殊情況下，不同群體才會達成一致，共同行動。

集會中的每個群體都代表著一個單獨的存在。參與群體的個體不再有自己的獨立意志，他們會毫不猶豫地投下違背自己信念和意願的一票。在路易十六被判處死刑的前夜，政治家韋尼奧（Vergniaud）還憤怒地抗議，有人暗示他要贊成處死路易十六，但他在第二天還是投了贊成票。

群體的作用主要在於強化猶豫不決的觀點。所有薄弱的個人

信念，在變成集體的時候都會得到確認。

具有極高聲譽或異常暴力的領導者有時可以通過對集會的所有群體施加影響，使他們成為一個單獨的群眾。在極少數此類領袖的影響下，國民公會的大多數成員頒布了與他們的意見完全相反的措施。

歷史上，集會總是會屈服於積極的教派。在革命時期，議會對國王的態度十分強硬，但在面對群眾暴動的領袖時卻顯得膽怯懦弱。只要有一小群激進分子，在強勢領袖的帶領下，就能輕易地操縱議會，迫使他們通過最荒謬、自相矛盾的決議。

集會具有群眾的特徵，會有極端的情緒，如過度的暴力或懦弱。一般來說，它對弱者無禮，對強者卑躬屈膝。

我們還記得，當年輕的路易十四手持鞭子走進議會發表簡短演說時，議會是多麼恐懼與謙卑。我們知道，當制憲會議感到路易十六越來越無力時，它是如何無禮地對待路易十六的。最後，我們回顧一下羅伯斯比爾統治時期下，國民公會的恐懼。

既然集會的這項特徵是一條普遍定律，那麼統治者在權力衰落之時召開集會，就必須被視為心理學上的嚴重錯誤。以法國大革命為例，路易十六在面臨財政危機時，召開三級會議（States

General，譯註：國王召開的會議，參加者通常有教士、貴族與一般民眾）。結果卻演變成了推翻君主制的革命。同樣，亨利三世在被迫離開巴黎後，也曾試圖召集各級會議以鞏固地位，卻遭到議會挑戰，最終丟失王位。這些例子表明，當君王權威不穩時，召集集會無異於將權力拱手讓人。集會中的各方勢力會趁機擴大自己的權力，甚至挑戰君王的統治。

這種逐漸擴大的情緒明顯地在革命的各種集會中展現出來。制憲會議起初對王權及其特權極為尊重，最後卻宣稱自己是一個主權會議，把路易十六當成了一個普通的官員。國民公會在相對溫和的開端之後，最終走向了恐怖統治的初步形式，當時判決仍具有一定的法律保障。然後，它迅速擴大了權力，頒布了一項法律，剝奪了所有被告人的辯護權，允許僅憑嫌疑就將他們定罪。它走向嗜血狂熱，最終自取滅亡。吉倫特派、埃貝爾派、丹敦派和羅伯斯比爾斯特派，相繼在劊子手的手中結束了他們的生命。

這種對集會情緒的誇大，解釋了為什麼他們總是如此無法控制自己的命運，以及為什麼他們經常得出與原來所提議的目標完全相反的結論。天主教和保皇黨的制憲會議，並未建立理想的君主立憲制，以及它所希望捍衛的宗教，而是迅速將法國引向暴力

共和國和對神職人員的迫害。

正如我們所看到的，政治集會是由異質群體組成的，但它們有時也是由同質群體組成的，例如，在革命期間起著巨大作用的某些俱樂部，其心理特質值得特別研究。

2. 革命俱樂部的心理

由擁有相同觀點、相同信仰和相同利益的人組成的小型集會，消除了所有不同的聲音，它們與大型集會的主要區別在於情感與意志的統一。這就是革命期間的公社，宗教團體，公司和俱樂部，十九世紀上半葉的祕密社會，以及今天的共濟會和工會。

為了理解法國大革命的進展，我們必須透徹理解異質性集會和同質性俱樂部之間的差異。在督政府之前，特別是在國民公會期間，革命是由俱樂部所主導的。

儘管缺乏異議黨派的存在而產生的意志統一，遵循群眾心理的規律。因此，它們必然會受到領導者的支配。我們尤其可以在雅各賓俱樂部看到這一點，該俱樂部一直是由羅伯斯比爾所主導。

領導俱樂部這樣的同質性群體的職責，遠比領導異質性群體要困難得多。後者可以很容易地被少數幾個人牽著鼻子走，但在

像俱樂部這樣的同質性群體中，成員的情感和利益是相同的，領導者必須懂得如何迎合他們，並且往往自己也會被他們引導。

同質性集會的部分力量來自於其匿名性。我們知道，在1871年的巴黎公社期間，幾個匿名的命令就足以導致巴黎最美的建築被燒毀，如市政廳、杜樂麗宮、法院、榮譽軍團等。來自匿名委員會的簡短命令立即被執行。只是出於偶然的因素，羅浮宮及珍藏品才得以倖免於難。我們也十分清楚，在當今世代，工會匿名領袖那些荒謬透頂的訓令，竟受到了如同宗教般的虔誠服膺。

法國大革命期間，大眾嚴格遵守巴黎的俱樂部和起義公社的命令。這些命令足以激起民眾組成大軍，並迫使國民議會屈服於他們。

在另一章節中總結國民公會的歷史時，我們將看到這些突發事件是多麼頻繁，以及傳說中如此強大的國民公會，是如何在少數暴徒的嚴厲命令下卑躬屈膝。經過經驗教訓，督政府關閉了俱樂部，以殘忍的射殺來制止民眾入侵。

國民公會很早就意識到，在政府事務中，同質的團體比異質的議會更有優勢，因此國民公會將自身細分為多個委員會，每個委員會由一定數量的個體組成。這些委員會，像是公共安全委員

會、財政委員會等等，在大議會中形成了小型主權議會。它們的權力僅受俱樂部權力的制約。

前面的論述說明了群體對其成員意志的影響力。如果群體是同質的，那麼影響力就相當大；如果群體是異質的，影響力就較小，但仍然可能變得很重要，因為集會中更強大的群體將主導那些凝聚力較弱的群體，或者因為某些具有傳染性的情緒將經常擴散到集會的所有成員。

在革命時期，就發生了一個令人難忘的例子。當時在 8 月 4 日的夜晚，貴族根據其中一名成員的提議，投票放棄封建特權。然而，我們知道革命的部份原因，正是由於僧侶和貴族拒絕放棄他們的特權所致。他們一開始為何拒絕放棄他們的權利呢？原因很簡單，因為人在群體中的行為和單獨行動的人是不一樣的。如果單獨來看，貴族中的任何一個成員都絕不會放棄自己的權利。

在聖赫勒拿島，拿破崙提出一些集會影響成員的奇特例子：「在那個時期，經常會遇到一些人，他們的言行似乎與其名聲不符。例如，人們可能會認為曾任海軍部長的蒙日（Monge）是個可怕的家伙；當戰爭一觸即發時，他登上了雅各賓派的講壇，宣稱要把自己的兩個女兒送給最先被敵人打傷的兩名士兵、他希望

貴族被殺害等等。現在，蒙日是最溫和軟弱的人，如果要他親手殺死一隻雞，甚至只是當著他的面殺死一隻雞，他都不願意。

3. 群體情緒逐漸激化的可能解釋

如果群體情緒可以精確地量化，我們可以用一條曲線來表示，初期會先出現一段緩慢上升的階段，接著再迅速地向上攀升，然後幾乎垂直地下降。這條曲線的等式，可以稱為是集體情緒在持續刺激下的變化方程式。

要解釋某些情緒在持續的刺激因素影響下加速發展的原因並非易事。不過，也許我們可以說，如果心理學的規律與力學的法則相似，那麼，一個具有固定尺度且持續作用的原因，就會迅速增加情感的強度。例如，我們知道，一種在尺寸和方向上恆定的力，例如作用在質量上的重力，會導致加速運動。在重力的作用下，一個自由物體在太空中落下的速度在第一秒大約是32英呎，下一秒大約是64英呎，再下一秒大約是96英呎等等。如果讓運動物體從足夠高的地方落下，很容易就能使其速度達到足以擊穿鋼板的程度。

但是，雖然這種解釋適用於受到恆定刺激因素的情緒加速，

但它並未告訴我們為什麼加速的效果最終會突然停止。只有當我們考慮到生理因素，我們才能理解如此的衰落。也就是說，我們必須記住愉悅與痛苦一樣，都無法超越一定的極限；所有的感官感受一旦過於劇烈，都會導致感受麻痺。我們的身體只能承受一定限度的快樂、痛苦或努力，而無法長時間維持巔峰狀態。就像緊握測力計的手，很快就會耗盡力氣。

對集體情緒快速消失的原因進行研究，會提醒我們這樣一個事實：除了憑藉自身力量或聲望而佔主導地位的派系之外，還存在其他派系的情感，這些情緒受到這種力量或聲望的壓制，尚未得到充分的發展。某些偶然的情況可能會稍微削弱佔優勢的政黨，這時被壓抑的反對派情緒可能會立刻變得占據上風。山嶽派在熱月政變（Thermidor，譯註：促使羅伯斯比爾倒台的一次政變）後學到了這一課。

我們試圖在物質現象的規律，與情感及神祕因素演變的條件之間建立所有的類比，但其實是非常概略的。除非我們對大腦運作有更深入的了解，否則這種類比仍將粗糙、不精確。

PART. 2
法國大革命

THE FRENCH
REVOLUTION

第一篇
法國大革命的起源

第一章

形成群眾意見與信念的間接因素

1. 革命歷史學家

對法國大革命的評價眾說紛紜,矛盾至極。儘管我們距那段歷史僅僅一個世紀,但要冷靜的評判它,似乎還不大可能。對於律師,也是哲學家的約瑟夫‧德‧梅斯特(Joseph de Maistre)而言,它是「一件撒旦的作品」以及「黑暗勢力從未有過的擴張時期」。而對雅各賓派來說,它是使人類得以重生的事件。

在法國生活的外國人仍然認為這是一個在談話中需要迴避的
話題。

美國學者巴雷特・溫德爾（Barrett Wendell）寫道：「『到處
都是』，這些記憶和傳統至今仍然保有如此的活力，以至於很少
有人能夠客觀地看待它們。它們仍然會引起熱情和反感；人們仍
然以忠誠和熱烈的黨派精神看待它們。」你對法國的了解越深，
就會越清楚地看到，即使到今日，也沒有任何法國人認為對革命
的研究是公正的。

這個觀察完全正確。為了公正地解讀過去的事件，這些事件
必須不再產生影響，並且不得觸及宗教或政治信仰，因為我已經
指明了宗教或政治信仰所伴隨的不可避免的偏執性，這樣的解釋
才有可能公正。

因此，歷史學家對革命表達了截然不同的看法，我們對此不
應感到驚訝。在未來很長一段時間內，有些人仍將其視為歷史上
最陰暗的事件之一，而對其他人來說，它將始終是最光榮的事件
之一。

過去所有撰寫此主題的作者，都自認為公正地闡述了它的過
程，但總體而言，他們只是在支持著一些似是而非，而且奇怪簡

化的理論。由於文件數量繁多且相互矛盾，他們無論是有意識或無意識的選擇，都使他們能夠輕易地為各自的理論辯護。

革命較早期的歷史學家，如梯也爾、基內（Quinet），以及才華橫溢的米榭勒如今都有些黯然失色。他們的學說並不複雜；在他們的著作中，普遍存在著一種歷史宿命論。梯也爾認為革命是幾世紀下來絕對君主制的結果，恐怖統治則是外國入侵的必然後果。基內則是將1793年的暴行描述為長期專制主義的產物，但他宣稱國民公會的暴政並非必要，反而阻礙了革命的工作。米榭勒則認為這僅僅是人民的功勞，他盲目崇拜人民，而這種歌頌也被其他歷史學家所延續。

這些歷史學家曾經享有盛名，但泰納的出現卻使他們相形失色。儘管同樣熱情洋溢，泰納卻以其獨到的眼光，為革命時期照亮了一片新天地。短期內難有其他能超越他的作品。

如此重要的作品，難免會有瑕疵。泰納在呈現事實和人物方面令人欽佩，但他卻試圖用理性邏輯，來評判並非由理性支配的事件，因此無法準確解讀這些事件。他的心理學分析用在純粹描述時十分出色，但一旦轉為解釋性分析，就顯得非常薄弱。例如，他描述羅伯斯比爾是一個迂腐的「書呆子」，這無法解釋為

何他在摧殘國民公會之後，還能擁有絕對的權力。人們對泰納的評價很中肯：他善於觀察，卻缺乏深刻的理解。

儘管有這些限制，他的工作仍然非常出色，並且無人能敵。我們可以從他對雅各賓正統信仰的忠實捍衛者所引起的惱怒中，判斷他的影響力。索邦大學教授奧拉德，如今是這些捍衛者的大祭司。後者花了兩年時間撰寫了一本反對泰納的小冊子，每一行都充滿了激情。為了糾正幾個並不重要的實質性錯誤，奧拉德耗費了大量時間，結果卻只是重蹈覆轍，犯下了同樣的錯誤。

在審視奧拉德的著作後，柯欽指出，奧拉德至少有一半以上的引用存在誤導，而泰納的錯誤則少得多。柯欽同時也指出，我們不能信任奧拉德的資料來源。

像議事錄、小冊子、期刊以及愛國者的演講和著作這些資料來源，正是由愛國人士編輯，通常是為了公眾利益而撰寫的，這些資料來源本應該是種特別辯護的文件，而非客觀的歷史資料。這些文件裡的事件，從九月大屠殺到牧月法（law of Prairial）都被賦予了一套符合共和國立場的解釋，就好像是一本為革命辯護的現成教科書。

對泰納作品最公正的批評，也許就是它不夠完整。泰納特別研究了民眾及其領袖在革命時期的作用。這使他的著作充滿了至今仍欽佩的憤慨之情，但他卻遺漏了大革命的幾個重要面向。

無論人們如何看待大革命，泰納派的歷史學家與奧拉德派的歷史學家之間，始終存在著不可抹殺的差異。奧拉德派認為擁有主權的人民是令人欽佩的，而泰納學派則告訴我們，當人民被遺棄於本能之中，擺脫了一切社會束縛，他們就會重新陷入原始的野蠻狀態。奧拉德的觀念完全違背了從眾心理的教訓，但在現代雅各賓派眼中，它卻絲毫不亞於宗教教條。他們按照信徒的方法來描寫革命，把虛擬神學家的論點視為博學的著作。

2. 關於革命的宿命論

革命的擁護者和詆毀者通常都承認革命事件的宿命論。埃米爾・奧利維爾（Emile Olivier）的《革命史》（*History of the Revolution*）中得出以下總結：

沒有人能抗拒它。責難既不屬於那些死去的人，也不屬於那些倖存的人；沒有任何個人力量能夠改變局勢，也

無法預見由事物本質和情勢所產生的事件。

泰納本人也傾向此項觀點：

在三級會議召開的那一刻，思想和事件的進程不僅已經
確定，甚至是顯而易見的。每一代的人都在不知不覺中
承載著自己的未來和過去；從後者來看，他們的命運可
能早在問題出現之前就已經被預言了。

　　其他一些現代作家對革命者的暴力並沒有比泰納有更多寬
容，但他們同樣相信這個宿命。歷史學家索雷爾回顧了博蘇埃特
關於古代革命的一句話：「如果我們只考慮特定原因，一切都會
令人感到驚訝，但一切又都是按部就班地進行著。在大革命中，
某些人認為是舊世界的顛覆，但對另外一群人卻是舊世界的重
生，它是歐洲歷史順其自然的必然結果。此外，它還表明，這次
革命所產生的任何結果，即使是最出人意料的結果，都源自於這
段歷史，並且可以用舊政權的先例來加以解釋。」
　　曾任法國首相的歷史學家法蘭索瓦・基佐（Francois Guizot）

錯誤地將我們的革命與英國革命相提並論，並認為法國革命是完全自然的，沒有任何創新：

「無論是英國革命還是我們自己的革命，都未偏離歐洲事件的自然進程。這兩場革命的任何目標和言行，百年前早已有人做過了。」

「……無論我們考察兩場革命的一般理論還是它們的應用，無論是涉及國家政府還是民事立法、財產還是個人、自由還是權力，我們都找不到任何可以歸因於革命的發明，找不到任何在其他地方找不到的東西，或者至少不是源於我們稱之為正常時代的東西。」

這些主張只是再次提醒我們一個平凡的法則，即現象不過是先前現象的結果而已。如此一般的命題，無法教導我們太多東西。

我們不能試圖用許多歷史學家採用的宿命原則來解釋太多的事件。我曾在其他地方討論過這種宿命的意義，並指出文明的全部努力就在於試圖擺脫這種宿命。當然，歷史充滿了必然性，但它也充滿了曾經存在或可能不存在的偶然事實。拿破崙自己在聖

赫勒拿島列舉了六種情況，這些情況可能會阻礙他的偉大事業。他特別提到，1786年他在奧克松（Auxonne）洗澡時，他由於沙岸的偶然出現，才能倖免於難。如果拿破崙當時死了，那麼我們可以承認，可能會有另一位將軍崛起，一樣成為獨裁者。但是，如果沒有這位帶領我們勝利的軍隊攻入歐洲首都的天才人物，這部帝國史詩及其結果會變成什麼樣子呢？

雖然可以將革命視為一種必然，但更重要的是，如同那些被引用過的宿命論作家沒有告訴我們的，革命是一場持續不斷的鬥爭。這場鬥爭發生在充滿新理想的理論家與支配人類的經濟、社會和政治法則之間，而這些理論家並不理解這些法則。由於不了解這些規律，即使他們試圖引導事態的發展，卻慘遭失敗，最後因惱羞成怒而使用了各種暴力手段。他們頒布法令，認為被稱為「分配幣」（assignats）的紙幣應被視為與黃金等價的貨幣，但他們的所有威脅都無法阻止這種貨幣的虛擬價值幾乎跌至零。他們頒布了最高價格法，但這只是增加了它想要糾正的弊端。羅伯斯比爾在國民公會上宣布：「所有的窮人工資都將由國庫支付，而國庫將由富人養活。」儘管有徵收和斷頭台，公庫仍然空空如也。

大革命的人們打破了所有人類的束縛之後，最終卻發現沒

有束縛的社會是無法生存的；但當他們試圖重新創造束縛時，卻發現即使是最強大的社會，即使有斷頭台的恐懼作為支撐，也無法取代過去在人們心中慢慢建立起來的紀律。對於理解社會的演進、評斷人們的思想和心理，或是預見他們所制定的法律所造成的後果，他們幾乎沒有嘗試去做。

法國大革命的發生並非歷史必然，而更多是受雅各賓派的原則所驅動。如果路易十六得到更好的建議，或者國民公會在民眾起義時表現得更有勇氣，革命的結果可能就會不同。認為革命是不可避免的宿命論，只不過是為了合理化暴力而提出的理論。

無論是科學還是歷史，我們都必須謹防以宿命論為藉口。自然曾充滿了許多無法避免的命運，而科學正在慢慢地避免這些宿命。正如我在其他地方指出的，優秀人才的作用，就是避免這些宿命。

3. 近代革命史學家的猶豫不決

上一章節所探討的歷史學家對於自己特別辯護的觀點都抱持著極度正面的態度。他們被限制在信仰的框架內，並未嘗試深入知識的領域。一位君主制作家對大革命懷有強烈的敵意，而一位

自由主義作家則是大革命的狂熱辯護者。

目前，我們可以看到一場運動的開始，這場運動必將導成將革命作為一種科學現象來研究，在這種科學現象中，作者的觀點和信仰幾乎不被讀者所懷疑。

這個時期尚未到來；我們仍處於懷疑的時期。以往抱持樂觀態度的自由主義作家，如今已不再如此。以下摘錄近期作者的作品片段，可以佐證人們心態的轉變：

曾擔任法國外交部長的阿諾托（Hanotaux）在讚揚革命的功用之後，問其成果是否付出太大的代價，他補充：「歷史猶豫不決，而且在未來很長一段時間內，仍舊猶豫不決。」

馬德林（Madelin）在他最近出版的書中也同樣抱持懷疑態度：「對法國大革命如此複雜的現象，我從未覺得自己有足夠權威，甚至在我的良知中也從未形成過明確的判斷。時至今日，我發現更難做出簡短的總結。在我看來，原因、事實和後果仍然是極具爭議性的話題。」

如果我們仔細閱讀那些為法國大革命辯護的官方著作，就會發現他們對革命的看法發生了很大的變化。以前，他們聲稱要為每一個暴力行為辯解，把它說成是簡單的防衛行為；而現在，他們不再堅決的為暴力行為開脫。在奧拉德和德比杜爾所出版供學校使用的《法國史》（*History of France*）中，我發現了這種新思維的有力證明。關於恐怖主義，我們讀到了以下幾行文字：

> 「血流成河；不公正的行為和罪行層出不窮，這些行為和罪行從國防的角度來看毫無用處，而且令人憎惡。但是，人們在風暴中失去了理智，在無數危險的干擾下，愛國者在憤怒中爆發了。」

在本書的另一部份可以看到，我所引用過的這兩位作者中的第一位，儘管他堅定不移地擁護雅各賓派，但絕不寬待那些曾被稱為「國民公會巨頭」的人。

外國人對我國革命的評判，通常是非常嚴厲的，當我們回想起歐洲在法國二十年動亂期間所遭受的苦難時，我們就不會感到驚訝。

德國人的意見尤其嚴厲。評論家法蓋特（Faguet）用以下幾句話總結了他們的觀點：

「讓我們坦率、真誠地說出事實，因為愛國就是對自己的國家說真話。德國認為，法國口中高喊『自由』和『平等』的口號，卻對德國進行長達十五年的壓迫、踐踏、謀殺、掠奪和掠奪；而現在，法國仍舊以同樣的口號，建立起一個專制、壓迫、有害、破壞性的民主政體，沒有人願意模仿它。根據德國的書籍和期刊，我們可以確定，這就是德國眼中的法國。」

至於其他方面，無論對法國大革命的評價如何，我們可以肯定，未來的作家一定會把它視為一個既充滿激情，又富有教育意義的事件。

一個政府對血腥的渴望足以斬首八十歲的老人、年輕女孩和小孩：這個政府使法國滿目瘡痍，但仍成功抵擋住武裝的歐洲；一位奧地利的女大公、法國的皇后在斷頭台上死去，幾年後她的另一位親戚，另一位女大公，在同一個王位上取代她，並嫁給一

位被提升為皇帝的次級中尉，搖身一變成為皇帝。這些都是人類歷史上獨一無二的悲劇。心理學家尤其可以從這段以往鮮為人知的歷史中汲取教訓。毫無疑問，他們最終會發現，只有放棄虛無縹緲的理論和實驗，轉而研究我們身邊的事件和人物，心理學才能取得進步。[1]

4. 歷史的公正性

公正一直被認為是歷史學家最基本的品質。自羅馬帝國史學家塔西圖斯（Tacitus）以來，所有歷史學家都向我們保證他們是公正的。

實際上，作家看待事件就像畫家看待風景一樣，也就是透過

1　這個建議絕非平庸。當今的心理學家很少關注他們周圍的世界，甚至對有人研究這個世界感到驚訝。我在《哲學評論》（*Revue Philosophique*）上看到一篇關於我的一本書的評論，就是這種冷漠心態的有趣證明。作者指責我「探索世界和報紙，而不是書籍」。我非常樂意接受這種指責。期刊的多方面事實和世界的現實遠比《哲學評論》中充斥的哲學箴言更具啟發性。

哲學家逐漸發現，這種批評未免過於幼稚。當威廉‧詹姆斯（William James）談到那套厚重的、追求完美的出版物時，他一定覺得這些論文不過是「一堆觀察粗糙的事實，再加上一些無謂的爭論」。儘管詹姆斯本人是享譽盛名的心理學著作的作者，但他深知，「一個在各個方面都充斥著形而上學質疑的學科，是相當脆弱的」。二十多年來，我一直試圖引導心理學家們關注現實的研究。儘管影響力已經不如以往，但大學裡形而上學的風氣仍舊根深蒂固。

作家自己的氣質、性格和種族的心智。

許多藝術家面對同樣的風景，必然會有許多不同的詮釋方式。有些人會強調其他人忽略的細節。因此，每幅複製品都是一種個人作品，也就是說，會透過某種形式的感性所詮釋。

作家也是如此。我們不能說歷史學家是公正的，就像我們不能說畫家是公正的一樣。

目前，大多數歷史學家僅限於複製文件。但是，對於像大革命那樣接近我們年代的時期，這些文獻數量如此龐大，一個人即便花費一生也難以全部檢閱。因此，歷史學家必須做出選擇。

作者有時會有意識地，但更多時候是無意識地選擇最符合其政治、道德和社會觀點的材料。

因此，除非他滿足於簡單的編年史，用幾句話和一個日期來概括每件事，否則不可能寫出一卷真正公正的歷史。任何作者都不可能做到不偏不倚，但這並不值得遺憾。如今，要求不偏不倚的現象如此普遍，結果卻產生了那些平淡無奇、陰沉且極度乏味的作品，使人無法完全理解一個時期。

歷史學家是否應該以公正為藉口，避免對人們進行評判，也就是不發表任何言論？

我承認，這個問題有兩種截然不同的解決方案，取決於所採取的觀點：道德家的觀點或心理學家的觀點，每一種解決方案都是完全正確的。

道德家必須專注於社會的利益，並根據該利益來評判大眾。一個社會既然存在並希望繼續存在，就不得不承認一定數量的規則，建立一套不可動搖的善惡標準，進而明確區分惡行與美德。社會會形成一種普遍認可的價值觀，人們的行為應該符合這些價值觀。如果一個人偏離得太遠，就有可能危害社會的穩定。

道德家必須透過這樣類似的類型和源自社會需要的規則來判斷過去的人們。讚揚那些有用的人，並責備其他人，他因此有助於形成對文明進步不可或缺的道德標準，並作為他人的榜樣。例如，像科爾內耶（Corneille）這樣的詩人，塑造出比大多數人更為卓越的英雄形象，甚至可能無法被模仿；但他們卻因此大大地激發了我們的努力。一個民族必須始終在人民面前樹立英雄的榜樣，才能提高人民的思想。

這是道德家的觀點。心理學家的觀點則完全不同。雖然一個社會沒有權利容忍，因為它的首要責任是生存，但心理學家可以保持中立。以科學家的身份考慮問題，他不過問它們的功利價

值，而僅僅是試圖解釋它們。

在任何現象發生之前，心理學家的處境都是旁觀者。顯然，我們很難冷血地閱讀出卡里耶下令將受害者活埋到頸部，把他們弄瞎並接受可怕的折磨。然而，如果我們想理解這種行為，我們就不能像自然學家在蜘蛛慢慢吞噬蒼蠅的狀況面前那樣憤慨。一旦道理被更動，它就不再是道理了，也就無法解釋任何事。

正如我們所看到的，歷史學家和心理學家的職能並不完全相同，但我們可以要求他們透過對事實進行明智的解釋，努力在可見的證據之下，發現決定這些事實的無形力量。

第二章

舊政權的心理基礎

1. 絕對君主制與舊體制的基礎

許多歷史學家都將大革命的矛頭直指君主專制。實際上,早在革命爆發之前,法國國王就已經不再是絕對的君主了。

直到歷史晚期,也就是路易十四世的統治時期,才終於獲得至高無上的權力。所有先前的君主,即使是最強大的,例如弗朗索瓦一世,也不得不與貴族,教士,或議會持續鬥爭,而且他們並非每次都能獲勝。弗朗索瓦一世沒有足夠的權力保護他的朋友。他的議員朋友貝爾金(Berquin)得罪了索邦,被索邦大學下令逮捕,弗朗索瓦一世下令釋放他,但遭到拒絕。國王不得不派弓箭手將他從協和廣場帶走,除了把他關進羅浮宮,國王找不到其他保護他的辦法。索邦大學絕不認為自己被打敗。趁國王不在,它再次逮捕了貝爾金,並讓議會對他進行審判。他在上午十

點被宣判有罪，中午就被活活燒死。

法國國王的權力是逐漸建立起來的，直到路易十四時期才成為絕對權力。然而隨後，權力就迅速衰落，路易十六時期的專制主義也就無從談起了。

國王表面上是主人，其實是朝廷、大臣、神職人員和貴族的奴隸。他們強迫他做什麼，他就做什麼，很少隨心所欲。也許沒有哪個法國人像國王那樣不自由。

君主制的強大威力，最初是源於被賦予的神聖起源以及歷代累積下來的傳統。這些構成了國家真正的社會框架。

舊制度的崩潰，根本原因在於支撐它的傳統基礎逐漸瓦解。在經受了反覆的批評後，舊制度再也找不到擁護者，最終就像地基被掏空的大樓一樣轟然倒塌。

2. 舊體制的弊端

一個歷史悠久的政府制度最終會被人民所接受。只有在人們開始思考後，才會察覺其中的不便之處，這是以前從未發現的。到那時，他們會疑惑自己為何能忍受這些不便。只有相信自己是悲慘之人，才是真正的不幸之人。

　　大革命時期，正是在我們接下來要研究的作家們的影響下，這種信念逐漸深入人心。當時，所有人都看到了舊制度的缺陷。這些缺陷不勝枚舉，僅僅舉幾個例子就夠了。

　　儘管中央權力表面上具有權威，但這個由征戰各獨立省份所拼湊而成的王國，其實十分鬆散，各領地擁有自己的法律、習俗與稅賦。內部的海關也它分隔開來。因此，法國的統一在某種程度上是人為的。它代表了各種國家的集合體。歷任國王，包括路易十四即使多次努力，都未能完全真正實現統一。革命最有用的效果就是這種統一。

　　在這些物質上的劃分之上，又存在著由不同階級構成的社會階層，即貴族、僧侶和第三等級。這些階級之間的壁壘分明，只有在歷經極大的困難之後才能突破。

　　舊體制將階級分化視為其權力來源之一，並嚴格維護這種分化，這成為該制度激發仇恨的主要原因。當資產階級最終取得勝利時，他們所展現出的暴力，很大程度上是對過去長期遭受貴族蔑視和壓迫的報復。自尊心的創傷是是所有傷痕中最難撫平的，第三階級遭遇的就是這樣的創傷。在1614年的一次三級會議上，第三等級的代表們被迫光著頭跪在地上，其中一名成員竟說三個

階層就像三個兄弟，貴族輕蔑的回答：「貴族和第三等級之間沒有兄弟情誼，根本不希望鞋匠和皮匠的孩子稱他們為兄弟。」

儘管啟蒙運動已經開始，但貴族和神職人員仍然頑固地保留著他們的特權和要求。這些特權和要求在這些階級不再提供服務時已經不再合理。

王權不信任貴族和神職人員，使他們無法行使公共職能，而資產階級的學識和能力又不斷提高，貴族和神職人員的社會角色也就逐漸被資產階級所取代。泰納對這一點進行了精闢的闡述：

「由於貴族失去了特殊能力，第三階級獲得了普遍能力，他們現在他們的教育程度與能力已經不分上下，若再分為不同階層不免顯得不合時宜。大眾不再認可因習俗所形成的不平等，第三階級有理由對特權感到憤怒，因為無論是貴族的能力還是資產階級的能力，都無法證明特權是合理的。」

由於長期以來建立的種姓制度的僵化，我們看不出有什麼能說服貴族和神職人員放棄他們的特權。當然，他們最終還是在一

個值得紀念的夜晚，在事態的逼迫下放棄了這些特權；但那時為時已晚，大革命已經開始了它的進程。

可以肯定的是，現代進步會相繼建立起大革命所實現的一切：公民在法律面前一律平等、廢除出身特權等。儘管拉丁民族思想保守，但這些東西遲早都會贏得勝利，就像大多數民族所取得的那樣。倘若如此，我們或許可以避免二十年戰火與浩劫；然而，這需要我們擁有截然不同的心態，更重要的是，需要擁有截然不同的政治家。

資產階級對傳統以來凌駕於其上的階級所抱持的深刻敵意，是革命的重要因素之一，這也完美地解釋了為什麼在革命勝利後，第一個階級會掠奪失敗者的財富。他們的行為就像征服者一樣，例如征服英格蘭的征服者威廉（William the Conqueror），他在成功後將土地分配給士兵。

但是，儘管資產階級厭惡貴族，他們並不憎恨王權，也不認為王權可以被廢除。國王的不當行為和他對外國勢力的呼籲只是逐漸使他失去人心。

第一屆議會從未想過要建立共和國。事實上，它是個極端的保皇黨，只是想用立憲制取代絕對君主制。只是意識到自己的權

力越來越大，它才對國王的抵抗感到惱火；但它又不敢推翻國王。

3. 舊體制下的生活

　　我們很難清楚了解舊體制下的生活，尤其是農民的真實狀況。

　　為革命辯護的作家，就像神學家為宗教教條辯護一樣，描繪出舊政權下農民生活悲慘的景象，以至於我們不禁要問，這些不幸的人們究竟是如何在那樣的生活中苟延殘喘到現在的。關於這種寫作風格的一個良好範例，可以見於索邦大學前教授蘭博所著的《法國革命史》（*History of the French Revolution*）一書。人們特別注意到一幅刻有「路易十四時代農民的貧窮」銘文的版畫。在畫的前景中，一個男人正在與一些狗爭奪骨頭，這些骨頭已經幾乎沒有肉。在他旁邊，一個可憐的傢伙正在扭曲自己並壓縮他的胃。再遠一點，一個躺在地上的女人正在吃草。在遠處散落著一些人影，讓人無法分辨他們是腐屍還是餓死的人。作為對舊政權行政管理的一個例子，同一位作者向我們保證，「一個警察的職位價值300里弗爾（livres），卻能帶來40萬的收入。」這樣的數字肯定表明了那些出售如此「高效」職務的人是多麼的無私啊！他還告訴我們「逮捕人民只要 120 里弗爾」，而且「在路易十五世

統治下，發出了 超過15萬封的密捕令。」

大多數涉及大革命的書籍，在構思時都缺乏公正性和批判精神，這也是我們對這段歷史知之甚少的原因之一。

當然，我們並不缺乏文獻資料，但它們卻完全相互矛盾。我們可以將哲學家拉布呂耶爾（La Bruyere）的著名描述，與英國旅行家楊（Young）對法國某些省份農民富裕的熱情畫面相比較。

他們是否真的被稅收壓垮了，是否像人們所說的那樣，支付了收入的五分之四，而不是今天的五分之一？這一點無法確定。不過，有一個重要事實似乎可以證明，在舊制度下，農村地區居民的情況不可能如此悲慘，因為有證據表明，超過三分之一的土地被農民買走了。

我們對於金融系統有更深的了解。它非常壓迫且極度複雜。預算通常呈現赤字，專橫的農民總長還提高了各種稅率。大革命一開始，這種財政狀況就引起了普遍的不滿，這在三級議會的公報中都有所體現。我們注意到，這些信件並不代表以前的狀況，而是由於1788年的歉收和1789年的嚴冬造成的貧困危機所導致的實際狀況。如果這些議事錄是在十年前寫的，它們會告訴我們什麼呢？

　　儘管有這些不利的狀況，公報中並沒有包含任何革命思想。最進步的人只是要求只有在獲得議會同意的情況下才可以徵稅，並且所有人都應繳納稅款。同樣，這些公報有時表達希望國王的權力能夠被憲法所限制，該憲法必須明確規定國王和國家的權利。如果實現這些願望，君主立憲制很可能就可取代絕對君主制，說不定能避免革命。

　　不幸的是，貴族和神職人員的力量過於強大，而路易十六卻過於軟弱，使得這樣的方案不可能實現。

　　而且，資產階級企圖取代貴族，自詡為革命的真正發動者，他們的要求使革命變得極其困難。部份由中產階級發起的運動迅速超出他們自身的期望、需求和渴望。他們為自身利益要求平等，但人民也要求平等。因此，革命最終變成了人民的政府，這並不是它最初的出發點。

4. 革命期間君主制情感的演變

　　儘管情感因素演變緩慢，但可以肯定的是，在大革命期間，不僅是人民，革命議會對君主制的看法也發生了非常迅速的變化。從第一屆議會的議員尊敬地包圍路易十六到砍下他的頭顱，

中間只經歷了短短幾年。

這些變化從表面上看並不深刻，實際上只是同一種秩序情感的移花接木。這一時期的人們，對國王的愛轉移到了繼承國王權力的新政府身上。這種轉移的機制很容易被證明。

在舊體制下，君主因神權而掌握權力，因此被賦予了一種超自然的力量。他的子民在國家的每個角落都仰望著他。

只有當反覆的經驗證明賦予崇拜者的權力是虛構的時，這種對君主絕對權力的神祕信仰才會破碎。他隨後失去了威望。現在，當威望喪失時，群眾不會原諒倒下的偶像欺騙他們，而是重新尋找他們無法存在的偶像。

從革命爆發的那一刻起，眾多的事實不斷地向人們展示了一個不容否認的現實：君主制的權力已經土崩瓦解。不僅如此，新的力量正在崛起，它們不僅能與君主制分庭抗禮，甚至擁有更強大的實力。

例如，看到國王被議會牽制，在巴黎市中心無力保衛自己最堅固的堡壘，抵禦武裝團體的進攻，民眾對王權會有何看法？

王室如此軟弱，議會的力量也在不斷增強。現在，在群眾的眼中，王室已經沒有威信，因此他們轉向武力。

在議會中，人們的情緒不穩定，但並未快速演變，因此，即使巴士底監獄被攻佔、國王出逃，甚至與外國君主達成協議後，君主信仰仍然存續於大眾心中。

巴黎暴動和導易十六世被處決，保皇信仰仍然如此強大，無法摧毀外省地區籠罩著舊君主制的世俗虔誠風氣。[1]

在整個大革命期間，這種信仰在法國大部份地區仍持續存在，也是保皇黨在各省發動陰謀和叛亂的根源，國民公會曾費盡心力才鎮壓了這些陰謀和叛亂。在巴黎，保皇主義信仰已經消失，國王的軟弱暴露無遺；但在其他省份，代表上帝在人間的王權仍然保持著威望。

人民的保皇主義情懷必須是根深蒂固的，才能在斷頭台上存活下來。事實上，保皇黨運動在整個大革命期間持續存在，並且在督政府統治下得到了強化，當時有四十九個部門向巴黎派遣了

1　米榭勒講述了發生在路易十五統治時期的事件，以此說明人民對國王的這種世襲的愛有多深：「當巴黎知道路易十五從軍，病倒在梅斯時，已經是晚上了。人們紛紛起床，不知道自己要去哪裡，就慌亂地跑來跑去；教堂在半夜被打開了……人們聚集在各個十字路口，互相推擠和詢問，卻不知道自己在追尋什麼。在幾個教堂裡，為國王健康祈禱的神父因淚水而停止了禱告，而人們則以嗚泣和哭聲作為回應。……帶來國王康復消息的信使被人擁抱，幾乎窒息；人們親吻他的馬，以勝利之姿帶著他凱旋。……每條街道都響起了歡呼聲『國王痊癒了』。」

保皇黨代表，這激起了督政府發動果月政變。

　　大革命好不容易壓制住了這種君主意識，但當拿破崙登上古代國王的寶座，並重建舊制度時，這種君主意識又助長了拿破崙的成功。

第三章

革命時期的思想混亂與哲學家的影響

1. 革命思想的起源與傳播

　　人們在每個時代的外在生活都是以內在生活為基礎上所建構的，內在生活由傳統、情感和道德影響的框架組成，指導著人們的行為，並維護著他們能接受某些基本觀念。

　　當這個社會框架的抵抗力減弱，那些之前毫無影響力的思想就會開始萌芽和發展。在革命時期大獲成功的一些理論，如果在兩個世紀前提出，可能會遇到一道無法突破的壁壘。

　　這番探討旨在提醒讀者，革命的外在事件始終是人們思想中悄然轉變的結果。任何深入研究一場革命，都必須探究孕育引領革命方向的「精神土壤」。

　　一般來說，思想的演變極其緩慢，往往整整一代人都看不

到。只有通過比較同一社會階層在思想發展曲線兩端的狀況，才能了解其程度。為了解路易十四和路易十六時期受過教育的人對王權的不同看法，我們必須比較博蘇埃特和經濟學家杜爾哥（Turgot）的政治理論。

博蘇埃特在談論絕對君主制時，表達了他所處時代的普遍觀念，他認為政府的權威是上帝的意志，上帝是「國王行為的唯一審判者，並且在人面前永遠無需負責。」當時的宗教信仰與君主信仰一樣強大，沒有哲學家能夠動搖它。

路易十六時期的改革大臣，如杜爾哥的著作，則充滿了另一種精神。關於君權神授的論述幾乎隻字未提，人民的權利則開始得到明確的定義。

不幸的戰爭、飢荒、征稅、路易十五統治末期的普遍貧困等等，許多事件都為這種演變做了準備。人們不再尊重君主權威，取而代之的是一種精神上的反抗，一旦有機會就會表現出來。

一旦精神框架開始崩解，結局就會迅速到來。這就是為什麼在大革命時期，一些並不新穎，但在此之前沒有產生任何影響的思想能夠如此迅速地傳播的原因，那是因為它們沒有落在肥沃的土壤上。

其實這些令人嚮往和有效的思想在歷史上早已出現。長期以來，這些思想一直啟發著英國政治。早在兩千年前，希臘和拉丁的作家就為捍衛自由而寫作，詛咒暴君，並宣揚人民主權。

那些引發革命的中產階級，雖然也像他們的父輩一樣，從教科書中學到了所有事情，但他們並未因此受到任何影響，因為這些觀念能夠感動他們的時刻還未到來。當所有人都習慣於將階級制度視為必然時，人民怎麼可能會被這些觀念所打動呢？

哲學家對革命起源的實際影響，並非人們所認為的那樣。他們並沒有揭示出什麼新的事物，而是培養了批判精神，一旦為教條的衰落做好準備，就沒有哪個教條能抵擋得住這種精神。

在這種不斷發展的批判精神影響下，以往備受推崇的事物越來越不受尊重。當傳統和聲望消失後，社會建築突然倒塌。

這種漸進的分解最終落到了到人民身上，但並不是由人民開始的。人們效法榜樣，卻從不樹立榜樣。

哲學家不可能對人民產生任何影響，但他們卻能感染那些國家的開明派。失業的貴族早已失去了原有的職能，因此他們傾向於批評，並追隨他們的領導。由於缺乏遠見，貴族首先打破了作為其唯一存在理由的傳統。與當時的資產階級一樣，他們也沉

浸在人道主義和理性主義的泥潭中，不斷通過批判削弱自己的特權。如同今日，最熱衷於改革的人都是財富的寵兒。貴族鼓勵發表與社會契約、人權和公民平等相關的論文。在劇院裡，貴族為那些批評特權、專橫跋扈的高官，以及各種弊端的戲劇鼓掌喝采。

　　一旦人們對引導行為的思維框架之根基失去信心，他們首先會感到不安，接著便是滿腹牢騷。所有階級都感到他們舊有的行動動機正逐漸消失。幾個世紀以來看似神聖的東西，如今已不再神聖。

　　僅僅是貴族和當時文人吹毛求疵的批評，是不足以撼動傳統的，而是他們的行動與其他強大的力量一起發揮了作用。我們在引用博蘇埃特的話時已經說過，在舊制度下，宗教和文官政府在我們的時代是大相徑庭的，在我們的時代下，兩者是明確分離的，但舊政體下卻是緊密相連。傷害一個，必然會損害另一個。現在，即使在君主觀念受到動搖之前，宗教力量在知識分子之間已經大大減弱。隨著知識的持續進步，越來越多的人的思想由神學轉向科學，原因在於他們將「觀察所得的真理」與「啟示的真理」相互對立。

　　這種心理演變，儘管至今仍然非常模糊，但已足以顯示，

對於幾個世紀以來引領人們的傳統，並不具有人們賦予它們的價值，很快就有必要取而代之。

但是，在哪裡可以發現取代傳統的新元素？在哪裡可以找到那枚魔戒，它能在那些已經無法滿足人們的舊社會遺跡上建立新的社會建築嗎？

人們一致認為，傳統和神明似乎已經失去力量，取而代之的是理性的力量，大眾怎能懷疑呢？理性的發現不勝枚舉，難道我們不能合理地認為，將理性應用於社會建設，就能徹底改變社會嗎？當人們越來越不信任傳統價值，理性可能發揮的作用也在開明人士的思想中迅速增加。

被賦予理性的主權力量，應被視為革命的最高指導思想，它不僅催生了革命，更始終主導著革命的進程。在整個革命過程中，人們都全力以赴地與過去劃清界限，並根據邏輯指示的新計劃來建立社會。

哲學家的理性主義理論慢慢向下滲透，對人們來說，這只是意味著所有過去被視為值得尊敬的事物，現在都不再值得尊敬了。既然宣告了人人平等，那麼大眾也就不需服從原來的統治者。

上層階級不再尊重的東西，民眾也起而效尤。當尊重的屏障

被打破時，革命也就完成了。

這種新心態的第一個結果就是反抗。法國傑出的女畫家維吉·勒布倫（Vigee Lebrun）描述，在前往隆尚的路上，平民跳上了馬車對著他們說，「明年你們將在馬車後面，而我們將在馬車裡面。」

表現出不服從和不滿情緒的並非只有民眾。在大革命前夕，這些情緒普遍存在。泰納說：「小教士敵視主教；省級貴族敵視宮廷貴族；附庸敵視封建領主；農民敵視城鎮居民等。」

這股源自貴族和神職人員，並傳遞給人民的思潮，也滲透到了軍隊之中。當三級會議開幕之際，路易十六的財務大臣賈克·尼克（Necker）指出：「我們不能確定軍隊的立場。」軍官變得崇尚人道主義與哲學。出身於社會底層的士兵雖然不像軍官那樣，但也變得不大服從命令。

在他們淺薄的頭腦中，平等的概念僅僅意味著壓制所有領導者和主人，因此也意味著反抗所有服從。1790 年，超過二十個軍團威脅他們的軍官，甚至像南錫事件，直接把軍官扔進監獄。

精神上的無政府狀態在社會各階層蔓延開來，最終侵襲了軍隊，這是舊制度消失的主要原因。里瓦羅爾寫道：「軍隊受到第

三級思想影響發生叛變，摧毀了王權。」

2. 十八世紀哲學家對革命起源的影響——對民主的不認同

雖然哲學家被認為是法國大革命的啟蒙者，他們確實抨擊了某些特權和弊端，但我們不能因此就把他們視為人民政府的擁護者。他們熟知民主在希臘歷史中的作用，但對民主普遍極為反感。他們並非不知民主制度所伴隨的破壞力，也知道在亞里斯多德時代，民主已被定義為「一個國家，其一切事物，包括法律，都由暴民所控制，而實際上卻由少數煽動者主導。」。

伏爾泰（Voltaire）思想的先驅者哲學家皮埃爾·貝爾（Pierre Bayle）用以下話語回顧了雅典的民主政體：

「檢視這段歷史，它鉅細靡遺地展示了集會的騷亂、分裂城市的派系、煽動叛亂的煽動者，以及傑出人物在暴民鼓動下遭到迫害、流放和死刑。人們會得出這樣的結論：這個以自由為傲的民族，實際上是少數幾個陰謀家的奴隸，他們被稱為民粹主義者，隨著民粹主義者的激

情變化，他們時而朝這個方向轉動，時而朝那個方向轉動，就如同大海隨著攪動它的風，一會兒向東翻騰，一會兒向西翻騰。儘管馬其頓是君主制國家，但要找到與民主制的雅典同樣多的暴政事例，無疑是徒勞的。」

孟德斯鳩（Montesquieu）對民主制度並不抱持過多的讚賞。在描述了共和、君主和專制這三種政體之後，他十分清楚地闡述了民主政體可能會走向何種方向：

「過去人們在法律下享有自由，現在卻渴望在沒有法律的情況下獲得自由；過去被奉為圭臬的原則，如今卻被稱為嚴苛；過去被視為秩序的東西，現在卻被稱為阻礙。以往個人的福祉構成公共財富，如今公共財富卻變成了個人的財產。共和國淪為戰利品，其強大不過是少數公民的權力和所有人放縱的結果。」

「……小暴君如雨後春筍般湧現，他們擁有暴君的所有惡習。很快的，僅存的自由也變得不堪一擊；一個專制暴君出現會使人民失去一切，甚至連腐敗帶來的蠅頭小利

也保不住了。因此，民主要避免兩個極端；平等精神的極端會導致統治者專制，一個人的專制則最終會走向侵略擴張。」

孟德斯鳩的理想是英國的憲政政府，它能防止君主制墮落為專制制度。除此之外，這位哲學家在大革命時期的影響力其實微乎其微。

至於被賦予重要角色的百科全書派，除了跟伏爾泰、狄德羅（Diderot）一樣是自由君主主義者的霍爾巴赫（d'Holbach）外，很少人涉及政治。他們主要撰寫捍衛個人自由的文章，反對教會的侵權，因為當時教會對哲學家是抱持敵視的態度。革命既不是社會主義者，也不是民主主義者，因此無法利用它們的任何原則。

伏爾泰本人絕不是民主的擁護者。

他說道：「民主政體似乎只適合非常小且地利位置優越的國家。不管國家再怎麼小，也會犯許多錯誤，因為它是由個人所組成的。那裡的紛爭會像在一個充滿修士的修道院一樣多；但是不會有聖巴托洛繆大屠殺、沒有愛爾蘭大屠殺、沒有西西里晚禱（Sicilian Vespers，譯註：1266年查理一世在教皇國的支持下攻占

西西里島的事件）、沒有宗教裁判所，不會有因為從海中取水而沒有付費就被判處苦役的情況 ，除非這個共和國是由地獄的魔鬼所組成的。」

　　所有被認為啟發革命的人，其觀點遠遠稱不上具顛覆性，而且我們也很難真正看到他們對革命運動發展有任何實質的影響。盧梭（Rousseau）是當時少數的民主哲學家之一，因此他的「社會契約論」才成為恐怖統治時期的聖經。這似乎為源於潛意識的神祕和情感衝動的行為，提供了必要的理性辯護，那是任何哲學都未曾激發過的。

　　說實話，盧梭的民主本能絕非毫無疑義。他認為，以人民主權為基礎的社會重組計畫只適用於一個小國家；當波蘭人向他請求一份民主憲法草案時，他建議他們選擇一個世襲君主。在盧梭的理論中，有關原始社會完美狀態的理論取得了巨大成功。他與當時的許多作家一起斷言，原始人類是完美的，只是被社會腐蝕了。通過制定良好的法律來改造社會，人們就可能重新獲得早期世界的幸福。他對所有心理學一無所知，他相信人類在時間和空間中都是相同的，並且都可以被相同的法律和制度所統治。這在當時是普遍的看法。哲學家赫爾維修斯（Helvetius）寫道：「人民

的惡行與美德，始終是其立法必然的結果……我們怎能懷疑，對於所有人民而言，美德皆為管理者施政的結果呢？」

這實在錯得離譜。

3. 革命時期資產階級的哲學思想

大革命爆發時，要說出法國中產階級的社會和政治理念究竟如何，絕非易事。它們或許可以被簡化為一些關於博愛、平等和人民政府的公式，這些公式總結在著名的《人權宣言》中，我們有機會引用其中的幾段話。

十八世紀的哲學家似乎在革命人士眼中評價並不高。很少人會在當時的演講中引用他們的思想。新的立法者沈迷於希臘和羅馬的古典記憶，一遍又一遍地重讀柏拉圖（Plato）和普魯塔克（Plutarch），希望恢復斯巴達憲法，風俗、節儉的習慣和法律。

萊克格斯（Lycurgus）、索倫（Solon）、米爾提亞德（Miltiades）、曼利烏斯・托爾夸（Manlius Torquatus）、圖斯（Brutus）、布魯圖斯（Mucius Scaevola）、穆修斯・斯凱沃拉（Mucius Scaevola），甚至是神話般的米諾斯（Minos）本人，他們在議會裡和像在劇院裡一樣熟悉，公眾對他們瘋狂熱愛。古代英雄的身影在革命

議會上空徘徊。只有後世將他們換成了為十八世紀哲學家的身影。

我們看到，在哲學家的指導下，這個時期的人被稱為大膽創新者，但他們聲稱自己並沒有任何創新，而是回到了早已埋沒在歷史迷霧中的過去，而且，他們幾乎從未理解過過去。

比較理智的人沒有追溯到那麼久遠的年代，他們的目標只是採用孟德斯鳩和伏爾泰歌頌過的英國憲政制度，他們認為所有國家最終都會模仿英國的憲政制度，才不會出現激烈的危機。

他們的野心僅止於希望完善現有的君主制，而非推翻它。但在革命時期，人們踏上的道路往往與他們當初所設想的截然不同。在召開三級會議時，沒有人會想到一場由和平的中產階級和學者發起的革命，會迅速轉變為歷史上最血腥的獨裁政權之一。

第四章

法國大革命的心理幻象

1. 關於原始人、回歸自然狀態以及人民的心理幻象

我們已經重申過，並且會再次強調，學說中的錯誤並不會阻礙傳播，因此在此我們只考慮它對人們思想的影響。

雖然對錯誤學說的批判很少有實際意義，但從心理學的角度來看，它卻非常有趣。哲學家若想了解人們的思想運作，就應該經常仔細研究他們生活中的幻想。在歷史的長河中，這些幻想也許從未像大革命時期那樣深刻而繁多。

其中最顯著的，是對於我們原始祖先和原始社會本質的獨特理解。人類學尚未揭示遠古祖先的生活狀況，而是受到聖經傳說的影響，認為人是完美地從造物主的手中誕生的。原始社會被視為典範，後來卻被文明所毀壞，但人類必須回歸原始社會。很快地，回歸自然狀態成為了普遍的呼聲。盧梭說：「我在著作中談

到所有道德的基本原則，就是人性本善，天生愛好正義和秩序。」

現代科學從殘存遺跡中，確定我們最初祖先的生活條件，早已證明了這一學說的錯誤。原始人變成了無知而殘忍的野蠻人，就像現代野蠻人一樣不懂得善良、道德和憐憫。他只受本能衝動的支配，在飢餓驅使下從洞穴中撲向獵物，當他被仇恨喚醒時，就會瞬間攻擊敵人。他沒有生來的理智，無法控制自己的本能。

與所有革命信仰相反，文明的目的不是回到自然狀態，而是擺脫自然狀態。正是因為雅各賓派摧毀了一切社會約束，使人類回到了原始狀態，而沒有這些約束，文明是不可能存在的，他們將一個政治社會轉變為一個野蠻的部落。

這些理論家關於人性本質的想法，就如同羅馬將軍對於預兆的理解一樣，沒有什麼價值。然而，他們的動機對行動的影響力卻不容小覷。國民公會總是受到這種觀念的啟發。

關於我們原始祖先的錯誤，尚且情有可原，因為在科學揭示他們真實的存在狀況之前，這些錯誤確實是完全未知的。然而，革命份子所展現出對人類心理的絕對無知，就遠遠難以理解了。

若真要說，十八世紀的哲學家和作家，似乎完全缺乏最基本的觀察能力。他們生活在同時代的人們當中，卻看不到他們，也

不理解他們。最重要的是,他們對平民百姓的本性一無所知。在他們眼中,平民百姓永遠像個夢幻的模型,符合他們想像中的模樣。他們既不了解心理學,也不懂得歷史的教訓,把平民百姓視為天生善良、富有同情心、懂得感恩,並且隨時樂於聆聽理性之聲的人。

從議會成員發表的演講中,可以看出這些幻想是何等根深蒂固。當農民開始焚燒莊園時,他們感到非常吃驚,並以感人的演說祈求他們停止,以免「讓他們的仁慈國王痛苦」,還勸告他們「展現美德令國王驚訝」。

2. 關於將人與其過去分離的可能性,以及法律所賦予變革力量的幻覺

革命制度基礎的原則之一,是人很容易與他的過去劃清界限,一個社會的所有部分都可以透過制度來重塑。當時的立法者堅信,除了可以當作模範的原始時代以外,過去充斥著錯誤和迷信的遺產,因此基於理性之光,他們決意徹底斬斷與過去的聯繫。

為了加強他們的意圖,他們建立一個新時代,改變曆法,並更改了月份和季節的名稱。

　　假設所有人都是相同的，他們認為可以為整個人類立法。法國啟蒙運動代表孔多塞（Condorcet）指出一個顯而易見的真理，他說：「一條好的法律必須對所有人都是好的，就像幾何命題對所有人都是真實的一樣。」

　　革命理論家未能洞悉表象之下隱藏的深層原因。直到經過一個世紀的生物學出現進展，才顯示出他們的錯誤有多麼嚴重，以及任何物種的存在與過往完全無法脫離關係。

　　改革者總是與過去的影響發生衝突，但卻從未理解它。他們想要消滅它，但卻反而被它所消滅。

　　立法者對法律和制度絕對力量的信仰，在革命結束時受到了嚴重動搖，但在革命爆發時卻是絕對的。法國天主教神父格雷瓜爾（Gregoire）在制憲議會上說：「如果我們願意，我們可以改變宗教，但我們不想這麼做。」我們知道他們後來確實想這樣做，我們也知道他們的嘗試是多麼悽慘地失敗了。

　　然而，雅各賓派手中擁有所有成功的要素。他們實踐了最徹底的暴政，清除所有障礙，並強制實施他們想施行的法律。在經歷了十年的暴力、破壞、縱火、掠奪、屠殺和全面動盪之後，他們的無能展露無遺，以至於大眾譴責的對象。當時法國的獨裁者

不得不重新建立大部分已被摧毀的東西。

雅各賓派試圖以純粹理性的名義重新塑造社會，這是一次最有意義的實驗。也許人類再也不會有機會在如此大的範圍內重覆這樣的嘗試了。

雖然教訓是慘痛的，但對很多人來說似乎還不夠，因為甚至在我們的時代，我們還會聽到社會主義者提出，要按照他們的幻想計畫，從上到下重建社會。

3. 對革命原則理論價值的幻想

1789年、1793年和1795年相繼制定的《權利宣言》（Declarations of Rights）中，包含了革命賴以建立新制度的基本原則。這三份宣言都一致宣布「主權在民」。

三項宣言在其他面向上仍存在著分歧，特別是在平等問題上。1789 年的宣言僅僅陳述（第一條）：「人類生而自由，享有平等權利，並將繼續保持這種狀態。」；1793 年的宣言更進一步，向我們保證（第三條）：「所有的人都是平等的，自然賦予他們神聖不可侵犯的權利」。1795 年的憲法則更為謙虛，它說（第三條）：「平等就是法律對所有人都是一樣的。」除此之外，在

提到權利之後，第三份《宣言》認為有必要討論義務。它的道德觀僅僅是福音的道德觀念。第二條寫道：「一個人和一個公民的所有義務都源自於以下在所有人心中的原則：己所不欲，勿施於人；己之所欲，施於人。」

這些宣言的重要部分，也是唯一真正存留下來的，是關於平等和人民主權的內容。

儘管理性意義薄弱，但「自由、平等、博愛」這一共和派綱領還是發揮了相當大的作用。

這個神奇的公式，至今仍鐫刻在我們的許多牆面上，直到銘刻在我們的心中，它確實擁有古老巫師賦予某些詞語的超自然力量。

得益於承諾所激發的新希望，革命的擴張力相當可觀。成千上萬人為此奉獻生命。即使在今天，世界各地爆發革命時，也是反覆引用同樣的口號。

它的選擇可謂極為巧妙。它屬於那種能夠引發無限夢想的句子，每個人都可以根據自己的願望、仇恨和希望來解釋。在信仰問題方面，詞語的真正意義並不重要；重要的是賦予它們的含義。

在革命手段的三大原則中，平等的後果最為豐碩。我們將在

本書的另一部分看到，它幾乎是唯一一個仍然存續，並產生影響的原則。

將平等觀念引入世界的當然不是大革命。即使不追溯到希臘共和國，我們也可以說，基督教和伊斯蘭教以最清晰的方式傳授了平等理論。所有人都是唯一真主的子民，在真主面前一律平等，只能根據他們的功過來評判。在真主面前靈魂平等的教條是穆罕默德教徒和基督教徒的基本教條。

但是，宣揚一個原則並不足以確保其被遵守。基督教會很快就放棄了理論上的平等，而革命者只在他們的演講中想起它。

「平等」一詞因人而異，常常隱藏著與真正意義相反的情緒，有時代表著不容他人凌駕於己的霸道需求，同時也伴隨著想要高人一等的強烈渴望。不管是革命時期或現在的雅各賓派，「平等」這個詞僅僅意味著對所有優越地位的嫉妒恨意。為了消除優越性，這些人假裝統一風俗、習慣和情況。除了他們自己行使的專制之外，其他所有的專制都顯得可憎。

但他們無法迴避自然的不平等，只能選擇否認它們。

儘管1793年的第二份權利宣言提出「人人生來平等」的理想，但現實卻並非如此。

看來，許多革命者對平等的熱切渴望，只是掩蓋了對不平等的強烈需求。拿破崙不得不為他們重新設立貴族頭銜和勳章。泰納指出，正是在最狂熱的革命者中，拿破崙找到了最溫和的統治工具。

「突然間，在他們大肆宣揚自由平等的同時，內心深處的權威欲和控制欲暴露無遺。無論是作為下屬，還是身居高位，他們都渴望擁有指揮權。此外，大多數人對金錢或享樂有著強烈的慾望。公共安全委員會的代表和帝國的部長、縣長或副縣長，本質上並無二致，只不過是換了一套制服，一個穿著工裝，另一個則是穿著飾有金線的外套。」

平等的教條促使資產階級宣告人民的主權。然而，在整個大革命期間，人民主權始終停留在理論層面。

權威原則是革命的持久遺產。與之並列的兩個詞彙「自由」和「博愛」，在共和國徽章中從未產生多大影響。我們甚至可以說，在革命和帝國時期，它們根本就沒有任何影響，只是用來裝

飾人們的演講。

　　他們的影響力後來幾乎沒有更大的提升。兄弟情誼從未被實踐過，人民對自由也從未特別在意。今日，我們的工人已經完全將自己交給了工會。

　　總結來說，雖然共和黨的座右銘很少被實際應用，但它產生了非常大的影響。關於法國大革命，人們最深刻的印象就是那三個著名的詞彙，它們概括了革命的宗旨，並隨著革命軍隊的腳步傳遍了整個歐洲。

第二篇
革命期間活躍的理性、情感、神祕和集體影響

第一章

制憲會議的心理

1.法國大革命期間活躍的心理影響

　　法國大革命的起源以及持續時間，都受到理性、情感、神祕和集體性質等因素的影響，其中每一類因素都受到不同邏輯的支配。正如我所說，由於他們無法區分這些因素的各自影響，許多歷史學家不大想去分析這個時期的事件。

通常被用來解釋的理性因素，實際上只產生了很小的影響。它為革命鋪平了道路，但只是在革命之初，在革命還完全屬於中產階級的時候，才維持了革命。它的作用體現在當時的許多措施上，例如改革稅收的建議、取消貴族特權等等。

革命一旦深入人心，理性因素的影響就在感性和集體因素的影響面前迅速消失了。至於作為革命信仰基礎的神祕因素，它們使軍隊變得狂熱，並將新信仰傳播到全世界。

我們將看到這些不同元素如何出現在各種事件和個人心中，其中最重要的也許是神祕主義。如果不把革命視為一種宗教信仰的形成，我們就無法清楚地理解革命。我在其他地方對所有信仰的論述，同樣適用於革命。例如，讀者在閱讀關於宗教改革的章節時會發現，它與大革命的相似之處不止一處。

哲學家浪費了大量時間來證明信仰的微小理性價值，如今他們才開始理解信仰的作用。他們不得不承認，只有這些因素才具有改變文明的影響力。

它們不受理性約束，並將人們的思想和情感極端化，朝向單一方向。純粹的理性從未擁有如此強大的力量，因為人們從未因理性而激情澎湃。

革命迅速地採取了宗教形式，這解釋了它強大的擴張力，以及至高無上的威望。

很少有歷史學家明白，這座偉大的紀念碑應被視為新宗教的基石。我相信，洞察力深刻的托克維爾是第一個意識到這一點的。

他寫道：「法國大革命是一場政治革命，其運作方式和某種程度的表現形式，都像是一場宗教革命。看看它有哪些規律和特徵最終與宗教革命相似：它不僅像宗教革命一樣廣泛傳播，而且像宗教革命一樣，透過佈道、宣講加以傳播。一場政治革命激發了皈依者的熱情，它對外國人的宣講就像在國內完成的一樣熱鬧：想想看，這是多麼新奇的景象啊！」

一旦承認革命的宗教性，隨之而來的憤怒和破壞也就不難解釋了，因為歷史在在證明宗教的誕生總是伴隨著憤怒與破壞。法國大革命的衝擊席捲了整個歐洲，造成巨大的災難。法國不僅國力衰弱，還付出了數百萬人的生命代價。然而，歷史表明，一個民族要想徹底革新思想，往往需要經歷這樣的浩劫。

雖然神祕因素始終是信仰的基礎，但某些情感和理性因素很快就會被加入其中。這樣，信念就會把屬於情感領域的情緒、激情和興趣組合在一起。然後，理性就會籠罩整個信念，並試圖為

那些它根本沒有參與的事件辯護。

在革命爆發之際，每個人都根據自己的願望，為新的信仰披上了不同的理性外衣。人民在大革命中看到的，只是宗教和政治專制與階級制度的消亡，在這些專制與階級制度下，他們深受其苦。像作家歌德（Goethe）、思想家康德（Kant）等人則認為他們看到了理性的勝利。而德國自然學家洪堡德（Humboldt）前往法國是為了「呼吸自由的空氣，並參與專制主義的葬禮。」

這些知識分子的幻想並沒有持續多久。戲劇化的演變很快就揭示了夢想的真正基礎。

2.舊政體的瓦解／召集三級會議

革命在付諸行動之前，會先在人們的腦海中勾勒出輪廓。法國大革命是在上述原因的基礎上發生的，實際上始於路易十六統治時期。中產階級的不滿和指責與日俱增，要求也越來越多。每個人都在呼籲改革。

路易十六深知改革的作用，但他過於軟弱，無法將改革強加於神職人員和貴族身上。他甚至無法留住他的改革大臣馬勒澤布（Malesherbes）和杜爾哥。由於飢荒和稅收的增加，各階層的貧困

加劇了，而宮廷領取的巨額養老金，則與普遍的困苦形成了鮮明的對比。

為糾正財政狀況而召開的名流會議拒絕了平等稅制，只批准了一些無關緊要的改革，議會甚至不同意將其登記在冊。議會不得不解散。各省議會與巴黎議會達成共識，因此也被解散。但他們引導輿論，在法國各地推動召開近兩百年未曾召開過的全國三級會議的要求。

決定後，五百萬法國人派遣了他們的代表，其中包括十萬名僧侶和十五萬名貴族。總共有一千兩名代表，其中五百七十八名來自第三等級，主要由行政官員、律師和醫生組成。在三百名神職人員代表中，有兩百名平民出身的代表與第三等級站在一起，反對貴族和神職人員。

從第一屆會議開始，不同社會地位和不同態度的議員就爆發了心理衝突。享有特權的議員穿著華麗的服飾，與第三等級代表的樸素服飾形成了鮮明的對比。

在第一次會議中，貴族和教士的成員根據他們的階級特權，在國王面前享有特殊待遇。第三等級的人們希望模仿他們，但特權成員提出抗議。第二天，更多受傷自尊的抗議聲音被聽到。第

三等級的代表，邀請那些在不同大廳中的貴族和教士加入他們，以驗證他們的權力。貴族拒絕了。談判持續了超過一個月。最後，第三等級的代表，在西哀士神父（Abbe Sieyes）的提議下，考慮到他們代表了全國95%的人，宣布成立國民議會。這，就是革命的開端。

3. 制憲會議

議會的權力之所以能迅速壯大，是因為對手太過軟弱。在幾乎沒有遇到阻力的情況下，議會很快就被少數有口才的領袖所帶動，從一開始就表現出強大的控制欲。特別是，它擅自決定徵稅的舉動，嚴重侵犯了王權，顯示出議會對權力的野心。

路易十六的抵抗相當軟弱，他只是下令關閉三級會議所在的廳堂。議員於是改到網球場集會，並宣誓在王國憲法確立之前，他們絕不分離。

大多數神職人員的代表皆支持議會。國王撤銷議會決議，並命令代表退席。禮儀宮廷禮儀總管德·布雷澤侯爵（de Dreux-Breze）請議會遵從王命，議會主席則宣稱「國民議會絕不接受命令」，米拉波更回應回覆國王使者，表示議會基於人民意志而團

結，只有在武力威脅下才會解散。國王最終不得不讓步。

在六月九日，代表會議改名為制憲會議。幾個世紀以來，國王首次被迫承認一種新權力的存在，這種權力以前被忽視了，那就是由選舉產生代表人民的權力。絕對君主制已經不復存在。

路易十六覺得自己受到的威脅越來越嚴重，於是在凡爾賽（Versailles）召集一批由外國傭兵組成的軍團。議會則要求撤軍。

國王拒絕了，並解除財務大臣尼克的職務，取而代之的是被譽為極具權威的布羅格利元帥（Marshal de Broglie）。

但議會也有能幹的支持者。法國記者卡米爾‧德穆蘭（Camille Desmoulins）和其他人在各地煽動群眾，號召他們捍衛自由。他們敲響警鐘，組織了一支一萬兩千人的民兵，從榮軍院（Invalides）拿走了火槍和大炮，七月十四日，武裝隊伍向巴士底監獄進軍。這座幾乎沒有設防的要塞，在幾小時內就投降了。民軍在裡面發現了七名囚犯，其中一人是白痴，四人被控偽造文書。

巴士底監獄，關押過許多專制暴政受害者，在許多人心目中象徵著皇家權力；然而，拆毀它的人們並沒有遭受過它的迫害。那裡關押的囚犯幾乎沒有平民，絕大多數都是貴族成員。

攻佔這座要塞所產生的影響一直延續到今天。像蘭博這樣

嚴肅的歷史學家向我們保證：「攻佔巴士底監獄不僅是法國的歷史，也是整個歐洲歷史的巔峰，開創了世界歷史的新紀元。」

此種輕信顯然有些過度。這個事件的重要性，僅僅在於心理事實，這是人們首次證明權威的軟弱。

當權威原則在公眾心中受到傷害時，它就會迅速瓦解。一個國王如果不能抵抗民眾攻擊，保衛他的主要堡壘，人們還能對他有什麼期待呢？被視為全能的主人已經不再全能。

攻佔巴士底監獄是大革命歷史中，具指標性的開端。外國傭兵儘管幾乎對這場運動沒有興趣，但卻開始出現叛變的跡象。路易十六不得不解散他們。他前往市政廳，他的現身默許了既成事實，並接受了國民自衛軍指揮官拉法耶特（La Fayette）贈送的新款紅白藍三色帽徽，象徵把著巴黎的顏色與國王的顏色聯合起來。

雖然以攻佔巴士底監獄而告終的暴動絕不能視為是「歷史的頂點」，但它確實標誌著人民政權的開始。從那時起，武裝人民每天都會參與革命議會的討論，並對議會產生嚴重的影響。

許多革命史學家對人民在符合主權原則下介入政治的行為表示欽佩。然而，即使稍加研究群體心理學，我們也能發現，所謂

的「人民」往往只是少數領導人意志的代名詞。巴士底監獄的攻佔、杜樂麗宮的襲擊，這些事件並非出自人民自發的行動，而是領導人透過祕密社團等組織，煽動並指揮群眾進行的。在革命期間，同一群人可能因領導人的不同而支持對立的政黨，這充分說明了群眾的意見往往是由領導人所塑造。

對群眾來說，攻陷巴士底監獄這樣的實際行動是最強烈的暗示，而後許多要塞、堡壘陸續淪陷。許多城堡都被視為小型監獄，農民效仿巴黎人摧毀巴士底獄的行為，開始燒毀這些城堡。他們之所以如此憤怒，是因為封建領主莊園裡存放著封建賦稅的權利文件。這場暴動儼然是一場新型的扎克雷起義（Jacquerie，譯註：十四世紀法國農民的暴動）。

立憲議會對國王總是趾高氣揚，但面對人民卻卑躬屈膝，這種軟弱的表現，在後來的革命議會中屢見不鮮。

為了結束八月四日晚上的混亂，議會根據貴族諾耶伯爵（Comte de Noailles）的提議，投票通過了廢除封建權利的提案。雖然這項措施一舉取消了貴族的特權，但它是在淚水和擁抱中投票通過的。如果我們回想一下，在人群中，尤其是在受恐懼壓迫的集會中，情感是多麼具有感染力，就不難解釋為什麼會出現這

種感傷的熱情了。

如果貴族早幾年放棄自己的權利，大革命無疑是可以避免的，但現在為時已晚。在迫不得已的情況下才讓步，只會助長對方提出更多要求。在政治上，我們應該未雨綢繆，在被迫之前就做出讓步。

路易十六猶豫了兩個月才批准大會在八月四日夜晚投票通過的決議。他已經退居到凡爾賽。領導者稱皇宮裡有大量的麵包，並派遣一支七、八千名平民的隊伍前往，皇宮的欄桿被撞開了，衛兵被殺，國王和他的家人在尖叫的人群中被帶回了巴黎，其中許多人的長矛上掛著士兵的頭顱。可怕的旅程持續了六個小時。這些事件構成了所謂的「十月事件」（The October Days）。

人民的力量不斷加強，實際上，國王就像整個議會一樣，從此掌握在人民的手中，也就是說，他們任由俱樂部及其領導者操控。這種人民的力量持續了近十年，大革命幾乎完全是它的傑作。

雖然宣稱人民為唯一主權，但暴動遠遠超出理論上所預期，令議會大為尷尬。他們原以為在制定保障人類永遠幸福的憲法之時，秩序會恢復。

我們知道，在整個大革命期間，議會的主要工作之一，就是

制定、廢除和修改憲法。當時的理論家和今日的理論家一樣，都認為憲法具有改造社會的力量；因此，議會不能忽視其任務。與此同時，議會發表了莊嚴的《人權宣言》，對其原則進行了總結。

憲法、公告、宣言和演說對民眾運動沒有絲毫影響，對議會內部日益增多的異議者也沒有絲毫影響。後者越來越受到俱樂部所支持先進黨派的控制，丹敦、德穆蘭，以及後來的馬拉和埃貝爾，透過他們的演說和刊物，猛烈地煽動民眾，議會因而迅速走向極端。

在所有這些動亂時期，國家的財政狀況仍然沒有改善。國民議會最終意識到，慈善演說無法改變他們悲慘的處境，眼看國家瀕臨破產，因此於1789年11月2日頒布法令，沒收教會財產。他們的收入來自信徒繳納的什一稅，總計約為8百萬英鎊，其價值估計約為1.2億英鎊。這些收入被分配給數百位主教、宮廷修道士等，他們擁有法國四分之一的土地。這些商品從此被稱為「國家領域」，成為分配券的擔保，第一批分配券的發放金額為4億法郎，相當於1千6百萬英鎊。公眾一開始接受了這些貨幣，但在督政府和國民公會時期，它們的數量激增，這兩個機構以這種形式發行了4,500億法郎（18億英鎊），導致100里弗爾的紙幣最終只

值幾個半便士。

在顧問的鼓動下，虛弱的路易試圖拒絕批准議會的法令來抗爭，但卻徒勞無功。

在領導者每日的暗示和心理感染下，革命運動到處蔓延，完全脫離國民議會的掌控，甚至常常與之對抗。

在城鎮和鄉村，由地方國民衛隊保護的革命市政機關被設立。鄰近的城鎮開始互相協商，以防萬一需要進行自我防衛。因此，聯邦被成立了，並且很快被合併為一體；這個聯邦派遣1萬4千名國民警衛隊前往巴黎，在1790年7月14日在戰神廣場集結。在那裡，國王宣誓要維護由國民議會制定的憲法。

儘管雙方曾立下誓言，但世襲君主制的傳統觀念與國民議會所主張的新理念之間，存在著不可調和的矛盾，雙方無法達成任何共識。

國王感到自己完全無能為力，只想逃離。他在瓦倫納（Varennes）被捕並被帶回巴黎關在杜樂麗宮。議會雖然仍是極端的保皇黨，但還是暫時解除了他的權力，並決定獨自負責政府的運作。

從未有過任何一位君主在逃亡時，處於像路易那樣困難的境地。即使是一個像黎塞留那樣的天才，也很難將他解救出來。他

本可以依賴的唯一防禦手段，從一開始就完全讓他失望。

在制憲會議期間，絕大多數的法國人和大會成員仍然是保皇黨，因此如果君主接受了自由君主制，他或許可以繼續掌握權力。更何況，對路易十六而言，似乎也沒有什麼籌碼可以與國民議會達成協議。

即便是極少的讓步，但對他而言，這無疑是天方夜譚。 如果他願意改變祖傳的君主制度，那麼歷代祖先的靈魂都會向他抗議。即使他真的這麼做了，也無法克服來自家族、教會、貴族和朝廷的強烈反對。當時，支撐著君主制的貴族和教會，幾乎與君主擁有同等權力。每當他就要屈服於議會的要求時，那往往是因為他受到強迫，或是為了拖延時間。最後他向外國勢力求助，這顯示了一個絕望之人，在他所有的內部防線都崩潰後的最後掙扎。

他們，尤其是王后，他們對奧地利可能提供的援助抱持著最奇怪的幻想。奧地利幾個世紀以來一直是法國的競爭對手。如果奧地利同意，那一定也是希望獲得豐厚的回報，對方期望能得到阿爾薩斯（Alsace）、阿爾卑斯（Alps）和納瓦拉（Navarre）這幾個區域。

俱樂部的領袖認為議會過於擁護君主，於是開始反對議會。

人們簽署了一份請願書，請制憲會議召集一個新的制憲會議，以進行對路易十六的審判。

儘管如此，議會仍然堅持君主制，並發現革命的民粹性太強了，於是議會決心自衛，抵抗人民的行動。國民自衛軍的一個營，在拉法耶特的指揮下被派往人群聚集的香榭麗舍大街（Champ-de-Mars）驅散人群。在場的人中有50人被殺死。

議會並沒有長期堅持其微弱的抵抗。議會對人民極為恐懼，因此對國王的傲慢態度日益增加，每天一點一點的都剝奪國王的權力。他現在幾乎只是一個必須執行他人願望的普通官員。

國民議會曾經想要剝奪國王的權力，但是這樣的任務遠遠超出了它的能力範圍。如此分化的權力根本沒有力量。米拉波說：「我所知道的最可怕的事情，莫過於主權分散在六百人身上。」

國民議會自以為可以將國家所有權力集於一身，並像路易十六世那樣行使這些權力，但卻很快發現根本不可能。

隨著權威的失敗，無政府狀態加劇。人民領袖不斷煽動群眾。暴動和起義成為了唯一的力量。每天，議會都被粗暴而專橫的代表團闖入，透過威脅來達成目的。

在恐懼的壓力下，議會無一例外地服從了民眾運動的所有要

求，但這些運動並不是自發的，只是代表了在俱樂部與公社的新勢力。

這些俱樂部中最強大的是雅各賓俱樂部，該俱樂部迅速在全國創建了五百多個分支，所有分支都受到中央機構的指揮。在革命期間具有主導的影響力。它是議會的主人，是法國的主人，唯一的競爭對手是只在巴黎行使權力的叛亂公社。

國民議會的軟弱和所有失敗，使它失去民心。他們也意識到自己日益無力，於是決定加快制定新憲法以便解散。它所做出的最後一件事，也是相當不明智的，那就是規定制憲會議的任何成員不得被選為立法會議的議員。後來的成員因此被剝奪了前輩所獲得的經驗。

憲法於1791年9月3日完成，並於13日被國王接受，議會恢復了國王的權力。

這部憲法建立了一個代議制政府，將立法權授予人民選舉的代表，而行政權則授予國王，其對議會法令的否決權得到承認。新的省份取代了舊的省份，並且廢除了舊有的稅賦，並被直接和間接稅替代，這些稅仍然有效。

議會剛剛改變了領土劃分，推翻了所有舊的社會組織，它認

為自己有足夠的力量改變國家的宗教組織。它特別要求神職人員
應該由人民選舉產生，從而擺脫他們的最高領袖，也就是教皇的
影響。

　　此政教合一的法令是導致宗教鬥爭和迫害的根源，這些鬥爭
和迫害一直持續到執政府時代。三分之二的神職人員拒絕宣誓。

　　在制憲議會存在的三年間，革命取得了巨大成就。主要成果
之一，也許是財富開始從特權階級轉移到第三階級。在創造利益
以維護新政權的同時，新政權也得到了狂熱的擁護者。一場以滿
足後天慾望為支撐的革命必然強大無比。取代貴族的第三階級，
以及購買了國家領土的農民，他們很快就明白，恢復舊制度會剝
奪他們的一切利益。他們知道積極捍衛革命，不過是為了捍衛自
己的財富。

　　這就是為什麼在革命期間，我們看到近一半的省份反抗壓迫
專制統治，卻都徒勞無功。共和黨人之所以能戰勝一切反對，是
因為他們不僅要捍衛新的理想，還要保護新的既得利益。這兩種
因素貫穿整個革命，並強力推動了帝國的建立。

第二章

立法議會的心理

1. 立法議會期間的政治事件

在研究立法議會的心理特徵之前，讓我們簡要總結一下立法議會短短一年中發生的重大政治事件。這些事件自然對立法議會的心理表現扮演了重要的角色。

立法議會極度擁護君主制，與前身相比，它並沒有摧毀君主制的想法。在立法議會看來，國王似乎有點可疑，但立法議會仍希望能讓他繼續留在王位上。

不幸的是，路易不斷乞求國外的干預。這位膽小的君主被關在杜樂麗宮，只有瑞士衛兵保護著他，他在相互矛盾的影響中漂流。他資助了一些旨在改變輿論的刊物，但是編輯這些期刊的小人物，卻對如何影響群眾的心態一無所知。他們唯一的說服手段，就是用絞刑架威脅所有大革命的支持者，並預言一支軍隊將

入侵法國以拯救國王。

　　皇室不再依賴任何事物，只依賴外國的法院。貴族正在移民。普魯士，奧地利和俄羅斯正在威脅法國發動侵略戰爭。宮廷也支持他們的倡議。針對這三個國家對法國的聯盟，雅各賓俱樂部提議組建人民聯盟來對抗。吉倫特派和雅各賓派當時是革命運動的領導者。他們煽動群眾進行武裝，召集了60萬名志願者。宮廷接受了一位吉倫特派大臣。在他的主導下，路易十六不得不向議會提議向奧地利開戰，議會立即同意了。

　　國王的宣戰並非真心誠意。王后向奧地利人透露了法國的作戰計畫和樞密院的祕密商議。

　　鬥爭一開始便災難連連。幾個部隊因恐慌而解散。在俱樂部的鼓動下，並且相信國王正在與法國的敵人共謀（這點事實上是對的），郊區的居民因此起義反抗。作為領導者的雅各賓派，尤其是丹敦，在6月20日派人前往杜樂麗宮，遞交了一份請願書，威脅國王收回權力。隨後他們侵入了杜樂麗宮，對君主大肆謾罵。

　　宿命促使路易走向悲劇命運。當雅各賓派對王室的威脅激起了許多部門的憤怒時，人們得知普魯士軍隊已經抵達洛林（Lorraine）邊境。

　　國王和皇后希望獲得國外幫助其實是不切實際的。瑪麗‧安東尼（Marie Antoinette）對奧地利和法國人民的心理有著了絕對的錯覺。她看到法國被少數狂熱分子所恐嚇，希望也藉由恐嚇巴黎人民的手段，讓他們重新屈服於國王的威權之下。在瑪麗皇后的鼓動下，費爾森（Fersen）著手發布布倫瑞克公爵的宣言，該宣言威脅巴黎，宣稱如果王室成員受到任何侵擾，將會導致「徹底的顛覆」。

　　結果適得其反，宣言引起人民對君主的憤怒，認為他是一夥的，使他更加不得民心。從那天起，他就注定被送上斷頭台。

　　在丹敦的煽動下，各區代表在市政廳成立了起義公社，逮捕了忠於國王的國民警衛隊指揮官，敲響警鐘，武裝了國民警衛隊，並在8月10日與民眾一起向杜樂麗宮發動攻擊。當時，路易十六的軍團自行解散。很快，除了他的瑞士人和幾位紳士之外，沒有人能保護他了，幾乎所有人都被殺。國王向議會尋求庇護。群眾譴責他，立法議會下令將他停職，並讓未來的議會，也就是國民公會，來決定他的命運。

2. 立法議會的心理特徵

從心理學的角度來看，由新人組成的立法議會具有特殊的意義。很少有議會能在如此程度上展現出政治集體的特性。

它由七百五十名代表組成，分為純粹保皇派、立憲保皇派、共和派、吉倫特派和山嶽派。律師和文學家佔大多數。此外還有高級官員、牧師和極少數科學家，但人數較少。

這個議會成員的哲學觀念顯得相當簡陋。許多人沉迷於盧梭回歸自然狀態的思維。然而，正如他們的前輩一樣，所有人都更加受到希臘和拉丁古典時期的回憶所支配。卡托（Cato）、布魯圖（Brutus）、格拉古（Gracchus）、普魯塔克、馬可‧奧勒留（Marcus Aurelius）和柏拉圖，這些不斷被提及的人物，為他們的言論提供了形象。當演說家想要侮辱路易十六時，他們稱他為卡利古拉（Caligula，譯註：羅馬帝國的暴君代表）。

他們希望摧毀傳統，因此他們是革命者，但他們又聲稱要回到遙遠的過去，這表明他們又極度保守。

至於那些理論，對他們的實際行動影響甚微。他們在演講中不斷強調理性，但在行動上卻總是受情感和神祕因素支配。這種

現象我們早已屢見不鮮。

立法議會的心理特徵與制憲議會相同，但又更加突出。這些特點可以用四個詞來概括：易受影響、流動性強、膽小和軟弱。

這種流動性和易受影響性，體現在他們行為的不斷變化上。前一天，他們還在互相謾罵和毆打，隔天卻又「淚流滿面地投向彼此的懷抱」。他們熱切地讚揚要求懲罰那些請願廢黜國王的人的演講，並在同一天將議會的榮譽，授予前來要求國王下台的代表團。

面對威脅，議會表現出了極端的怯懦和軟弱。雖然議會是保皇黨，但它投票決定暫停國王的職務，並在公社的要求下，將國王和他的家人一起關進了聖殿塔。

由於過於軟弱無能，它和制憲議會一樣無法行使任何權力，並且任由公社和俱樂部所支配，這些組織由埃貝爾、塔里安（Tallien）、羅西尼奧爾（Rossignol）、馬拉特、羅伯斯比爾等有影響力的領導者指揮。

在1794年熱月政變之前，起義的公社一直是國家的主要權力機構，它的所作所為就像它肩負著巴黎的政府職責一樣。

正是公社堅持將路易十六關押在聖殿塔，而非議會所建議的

盧森堡宮。公社更進一步，將大量疑犯關進監獄，隨後下令處決。

我們知道，大約有150名匪徒在少數公社成員的指揮下，以每天24里弗爾的報酬，在四天內消滅了大約1,200人，其殘忍程度可想而知。這一罪行被稱為九月大屠殺。巴黎市長佩蒂翁恭敬地接待了這群刺客，並賜予他們酒水。一些吉倫特分子提出了抗議，但雅各賓派卻保持沉默。

惶恐不安的議會起初對屠殺置之不理，而議會中幾位較有影響力的議員，特別是庫松和比約·瓦倫，則鼓勵了這些屠殺。當議會譴責大屠殺時，卻沒有試圖阻止屠殺的繼續。

立法議會意識到自己的無能，兩星期後自行解散，讓位給國民公會。

它的行動結果顯然是災難性的。儘管出發點良好，但實際效果卻適得其反。作為保皇派，它放棄了君主制；作為人道主義者，它容許了九月大屠殺；作為和平主義者，它將法國推向了一場可怕的戰爭，從而顯示出一個軟弱的政府最終總會給國家帶來毀滅。

前兩次革命議會的歷史再次證明，事件本身就蘊含著其不可避免的後果。它們構成了一系列的必然性，我們有時可以選擇其

中之一，但接下來的發展卻不會徵詢我們的意見。我們可以自由的做出決定，但卻無力避免其後果。

制憲會議的首次措施是出於理性和自願的，但隨後產生的結果卻超出了所有的意願、理性或預見。

1789年，有誰會大膽地希望或預言路易十六之死、旺代戰爭、恐怖時期、永久斷頭台和最終的無政府狀態，或者是隨之而來的在軍人鐵腕指導下，回歸傳統和秩序呢？

在革命議會早期行動所引發的事件發展中，最引人注目的也許是群眾政府，也就是暴民統治的興起與發展。

在我們檢視過的這些事實：攻佔巴士底獄，入侵凡爾賽，九月大屠殺，攻擊杜樂麗宮，謀殺瑞士衛隊，以及國王的垮台和監禁，我們可以輕易地察覺到影響群眾和他們領導者心理的法則。

我們看到，群眾的力量將逐步增強，戰勝所有其他力量，並最終取而代之。

第三章

國民公會的心理

1. 國民公會的傳說

公約會議的歷史不只為我們提供了豐富的心理學研究素材，更揭示了一個令人深思的事實：即使是身處事件中心的當事人，甚至那些緊隨其後的人，也很難對他們所見證的歷史事件和周圍的人有準確的理解。

大革命已經過去一個多世紀，人們才剛剛開始對這個時期形成判斷，儘管這些判斷仍然常常令人充滿疑問，但已經比過去更加準確一些。

這不僅僅因為從檔案館中挖掘出新的文獻，也因為隨著時間流逝，籠罩著那段血腥時期的傳說正逐漸消散。

也許最頑強的傳說，就是我們的祖先曾用「國民公會的巨人」這一光榮稱號來稱呼的那些人。

　　國民公會與叛亂中的法國和歐洲的武裝鬥爭給人留下了深刻印象，這場艱苦鬥爭的英雄們，似乎屬於超人或泰坦（Titan）的種族。

　　在事件被混淆和堆積在一起的時期，「巨人」這一稱號似乎是合理的。軍隊的工作被誤認為與國民公會的工作相關聯，實際上只是同時發生。首次的光榮反而波及到了第二波，成為恐怖的大屠殺、內戰以及法國毀滅的藉口。

　　在現代批判的深入審視下，紛雜的事件已慢慢被釐清。共和國的軍隊依然保持著昔日的威望，但我們不得不承認，國民公會的成員完全深陷內鬥中，對他們的勝利幾乎沒有什麼貢獻。最多只有兩三個議會委員會的成員與軍隊有關，而他們的勝利除了依靠人數和年輕將軍的英勇善戰外，還歸功於新信仰所激發的熱情。

　　在稍後的一章裡，我們將會探討革命軍隊，屆時我們將會看到他們是如何武裝征服歐洲的。他們最初懷著自由和平等的理想出發，這些理想構成了新的福音。然而，一旦到達邊境之後，他們便長期駐守於此，並逐漸形成一種特殊的思維模式，他們一開始對政府一無所知，後來則對它嗤之以鼻。

　　國民公會的成員並未參與任何戰事，他們只是根據那些聲稱

要透過斷頭台重建法國的領袖們的命令，隨意制定法律。

由於軍隊的英勇表現，國民公會被賦予神聖色彩，這種神化影響深遠，幾代人都對公約會議抱持著崇高的敬意，這種影響力至今仍未完全消退。

詳細研究國民公會「巨人」的心理，我們會發現他們的規模迅速縮小。總而言之，他們是極其平庸的。如奧拉德這個對國民公會最狂熱的辯護者，也不得不承認這一點。

拉德在他的《法國革命史》中是這樣說的：

「有人說，從1789年到1799年做了如此偉大和可怕事情的那一代人，是巨人的一代，或者更直白地說，他們人比前一代人或之後的人更為傑出。」

「這是一種事後的錯覺。那些參與革命的公民，無論是市政官員、雅各賓黨人還是民族主義者，似乎在知識和能力上並不比路易十五或路易·菲利普時代的法國人更出色。歷史上那些聲名顯赫的人物，是因為他們站在了巴黎的政治舞台上，還是因為他們是出色的演說家？米拉波或許算得上一個例外，但其他像羅伯斯比爾、丹敦、

貝爾尼亞奧德這樣的人，真的比我們現代的演說家更優秀嗎？1793年，羅蘭夫人在她的回憶錄中就曾感慨：『法國似乎人才匱乏，革命期間更是如此，到處都是平庸之輩。』」

如果我們仔細審視公會的每一位成員，再將他們整體來看，就會發現他們在智慧、道德和勇氣方面並無突出的表現。從未有如此龐大的團體表現出如此的膽怯。除了在演講中或面對遙遠的威脅時，他們幾乎沒有勇氣。這個議會在對待王權時如此傲慢和強硬，卻可能是世界上最膽小、最順從的政治團體。我們看到它卑躬屈膝地服從俱樂部和公社的命令，在每天入侵的民眾代表團面前戰戰兢兢，甚至聽從暴徒的指令，將自己的優秀成員交出去。國民公會為世界呈現了一幅悲哀的景象：在民眾的威脅下，通過了許多荒謬的法律，一旦暴徒離開，他們又不得不撤銷這些法律。

很少有議會能表現的如此軟弱。當我們想證明一個民眾政府可以墮落到何種地步時，國民公會就是最好的例子。

2. 雅各賓派宗教勝利的結果

在賦予國民公會其特殊面貌的原因中，最重要的之一是明確建立了一種革命性的宗教。最初正在形成的教義最終被建立起來。

這種教條由一些相互矛盾的要素所組成。自然、天賦人權、自由、平等、社會契約、對暴君的憎恨，以及人民主權，構成了這部福音的條款，對其信徒來說，這是不容置疑的。新的真理找到了虔誠的使徒，他們最終和全世界的信徒一樣，試圖用武力將教條強加於人。他們認為不用理會那些抱持懷疑態度的人，甚至應該消滅他們。

正如我們在宗教改革中看到的那樣，對異端的憎恨一直是偉大信仰不可或缺的特徵，因此我們很容易能理解雅各賓派宗教的不寬容。

宗教改革的歷史也證明，兩種相關信仰之間的衝突非常激烈。因此，我們對雅各賓派在大會上與其他共和派激烈鬥爭的情況不必感到驚訝，他們的信仰與雅各賓派幾乎沒有什麼不同。

新教徒的宣傳十分積極。為了改變各省的思想，他們派遣了熱情的信徒，並帶了斷頭台。新教的審問官對異端思想毫不容

忍。羅伯斯比爾曾說：「共和國就是要消滅一切反對它的東西。」
無論國家是否願意接受，都必須進行改革。卡里耶說：「寧願將
法國變成墓地，也要按照我們的意願進行改革。」

雅各賓派的政策源於新的信仰，非常簡單。它包括一種平等
的社會主義，由一個不容反對的獨裁政權領導。

那些掌權於法國的理論家們對符合經濟需求和人類真實本性
的實用思想毫無興趣。對他們來說，言語和斷頭台就足夠了。他
們的演講幼稚可笑。泰納說：「他們從不談事實，只談抽象的東
西，講一大堆關於自然、理性、人民、暴君、自由的句子，就像
一堆被吹大的氣球在空中無用地碰撞。如果我們不知道這一切最
終導致了實踐上的可怕結果，我們可能會認為他們是在玩邏輯遊
戲、做學校作業、進行學術示範、進行意識形態的組合。」

基本上，雅各賓派的理論等同於絕對的暴政。公民在權利與
財富上被平均化，對雅各賓派來說，國家主權似乎理所當然地應
該得到公民毫無異議的服從。

他們賦予自己的權力，遠遠超過了他們之前的君主。他們規
定商品價格，隨意處置公民生命和財產。

他們對革命信仰的再生力量充滿信心，以至於在對國王宣戰

之後，他們又對眾神宣戰，建立了一個排除了所有聖人的日曆。

他們創造了「理性」這個新的神靈，在巴黎聖母院的「已故聖母」祭壇上舉行了對理性的崇拜，其儀式在很多方面都與天主教儀式相同。這種崇拜一直持續到羅伯斯比爾以自己為大祭司的個人宗教取而代之。

作為法國的唯一主宰，雅各賓派及其信徒能夠肆無忌憚地掠奪這個國家，儘管他們在任何地方都從未佔多數。

他們的數量很難準確的估算，我們只知道他們人數很少。據泰納估計，在巴黎的70萬居民中有5000人；在貝桑松（Besan-con）的30萬居民中有300人；在全法國則約有30萬人。

根據同一作者的說法，「一個由強盜組成的小封建制度，統治著一個被征服的法國」，儘管人數不多，他們卻能統治這個國家，這有幾個原因。首先，他們的信仰提供了相當大的力量。其次，因為他們代表政府，而幾個世紀以來，法國人一直服從那些掌權者。最後，因為人們相信，推翻他們就等於恢復舊制度，而這正是眾多國家領地購買者所懼怕的。他們的暴政必須變得非常可怕，才能迫使這麼多的部門反抗他們。

他們的權力之所以能迅速崛起，得益於強烈的信仰所凝聚的

強大意志。然而，歷史的經驗告訴我們，當一個政權的暴行激起民憤時，即使它擁有強大的意志力，也難逃覆滅的命運。雅各賓派正是一個絕佳的例子。

雖然吉倫特派同樣有著堅定的信仰，但他們秉持著對傳統和他人權利的尊重，這些特質在激烈的政治鬥爭中反而成了他們的軟肋。相比之下，雅各賓派則毫不顧忌這些道德束縛，因此在鬥爭中更具優勢。

政治家埃米爾·奧利維耶（Emile Ollivier）寫道：「大多數吉倫特派成員的情感是細膩而慷慨的；雅各賓派暴徒則是低級、粗俗和殘暴的。貝爾尼亞奧德的名字與『神聖』的馬拉特的名字相比，是一道無法跨越的鴻溝。」

吉倫特派在建國初期憑藉卓越的天賦和雄辯口才主導著國民公會，但很快便落入更加激進的山嶽派的勢力範圍之下。這些山嶽派分子雖然碌碌無為，影響力微弱，卻異常活躍，並且深諳如何挑動民眾的激情。給議會留下深刻印象的是暴力，而不是才能。

3. 國民公會的心理特徵

除了所有議會的共同特徵外，還有一些因環境和情勢影響而

產生的特徵，這些特徵賦予議會一種特殊的面貌。制憲會議和立法會議中的許多顯著特徵，都以誇張的形式在國民公會中重現。

這個議會大約由750名代表組成，其中三分之一以上曾在制憲議會或立法議會中任職。通過恐嚇民眾，雅各賓派在選舉中取得了勝利。七分之六的選民，也就是六百萬人選擇棄權不投票。

在職業方面，包括許多律師、辯護人、公證人、法警、前治安官和一些文人等。

國民公會的思想形態並不一致。由性格迥異的個人組成的議會很快就會分裂成幾個派別。國民公會在成立初期，就包含了三個派系：吉倫特派、山嶽派和平原派。君主立憲派幾乎已經消失。

吉倫特派和山嶽派，兩個極端的政黨其成員大約各一百人，他們先後成為領導者。在山嶽派中有最先進的成員：庫松、赫羅德‧德‧塞舍爾（Herault de Sechelles）、丹敦、德穆蘭、馬拉特、科洛‧德爾布瓦（Collot d'Herbois）、比約‧瓦倫、巴拉斯（Barras）、聖茹斯特、富歇（Fouche）、塔利安、卡里耶、羅伯斯比爾等。在吉倫特派中有布里索（Brissot）、佩蒂翁、孔多塞、貝爾尼亞奧德等等。

議會另外五百名成員，組成了大多數的「平原派」。

後者形成了一個漂浮的群體，沉默寡言、猶豫不決、膽小怕事；隨時準備跟隨一切衝動，同時也常被一時的興奮衝昏頭腦。它對前面兩支隊伍中較強的一支無動於衷。在順從了吉倫特派一段時間後，當山嶽派佔上風時，它又任由山嶽派掌控。這是上述規律的自然結果，根據這一規律，弱者總是受到強者意志的支配。

國民議會長期受到一小群思想極端、固執己見的激進分子的控制。這些人憑藉著強烈的信念，成功地左右了議會的決策。

殘暴而大膽的少數人，總是會領導恐懼而猶豫不決的多數人。這就解釋為什麼在所有革命集會中，群眾總是會不斷朝向極端。國民公會的歷史再次驗證了另一章節中研究的加速法則。

國民公會的成員不得不從溫和走向暴力。最後，他們自相殘殺。一開始領導會議的一百八十名吉倫特份子中，有一百四十人被殺或逃跑，最後，最狂熱的恐怖份子羅伯斯比爾，獨自統治了一群恐慌的奴隸代表。

然而，這五百名多數派成員中，雖然他們的狀況不穩定且漂浮不定，但仍能從其中找到智慧和經驗。這些負責會議實際工作的委員會，成員主要就來自於「平原派」。

平原派黨人對政治或多或少有些漠不關心，他們主要是擔心

沒有人會特別關注他們。他們把自己關在委員會裡，盡可能少在大會上露面，這也解釋了為什麼在國民公會會議中只有三分之一的代表參加。

遺憾的是，這些聰明誠實的人往往缺乏堅定的意志，他們總是屈服於恐懼，因此不得不支持那些殘暴的統治者提出的最惡劣的政策，如革命法庭的成立、恐怖活動等。正是在他們的協助下，山嶽派粉碎了吉倫特派，羅伯斯比爾消滅了埃貝爾派和丹敦派。像所有弱者一樣，他們追隨強者。組成平原派的溫和慈善家，構成了議會的多數，他們的冷漠促成了國民公會的可怕暴行。

國民公會中始終彌漫著一種可怕的恐懼心理。尤其是在恐懼的驅使下，人們會為了保住自己的腦袋而互相砍頭。

這種恐懼，當然是可以理解的。議員在民眾的叫囂聲中進行審議，每時每刻都有手持長矛的野蠻人闖入議會，導致大多數議員再也不敢出席會議了。當他們偶然出席會議時，也只是按照山嶽派的命令默默地投票，而山嶽派的人數只有他們的三分之一。

後者支配的恐懼雖然不那麼明顯，卻同樣深刻。人們摧毀敵人，不僅因為他們是膚淺的狂熱分子，還因為他們深信自己的生存受到了威脅。革命法庭的法官也同樣戰戰兢兢。他們原本願意

無罪釋放丹敦，德穆蘭的寡婦，以及其他人，但他們不敢。

當羅伯斯比爾成為議會唯一的主人時，恐懼的幽靈糾纏著議會。有人說，主人的一個眼神就會讓他的同僚嚇得退縮。在他們的臉上，人們讀到的是「恐懼的蒼白和絕望的放棄」。

所有人都害怕羅伯斯比爾，而羅伯斯比爾也害怕所有人。他之所以斬下人的頭顱，是因為他害怕有人會陷害他，針對他，他對其他人也是同樣的心態。

國民公會成員的回憶錄，清楚展示了他們對這段陰暗時期的可怕記憶。泰納說，20年後，巴雷爾（Barrere）被問及公共安全委員會的真正目的和想法時，他回答道：

「我們只有一種感覺，那就是自我保護；只有一種渴望，
　那就是保全我們的生命，每個人都認為自己的生命受到
　了威脅。你砍下鄰居的頭，是為了不讓鄰居把你自己送
　上斷頭台。」

對於領導者和恐懼對集會將產生何者影響，國民公會的歷史是最鮮明的例子之一。

第四章

國民公會時期的政府

1. 俱樂部和公社在國民公會期間的活動

在國民公會實際上都由俱樂部領袖和巴黎公社領袖所掌控。

我們先前已經見識過這些俱樂部對議會的影響力。在國民公會期間，這種影響力變得勢不可擋。實際上，後者的歷史就是由主導它的俱樂部和公社所寫成的。他們不僅奴役了國民公會，還奴役了整個法國。無數的省級小俱樂部在首都俱樂部的指揮下，監督地方行政官，揭發嫌疑犯，並執行所有革命命令。

當俱樂部或公社決定採取某些措施時，他們會要求議會立刻投票通過。如果議會反對，他們會派遣武裝代表團前往。這些代表是從社會底層招募來的武裝隊伍，他們會像奴隸般地服從命令。公社如此確信自己的力量，甚至會要求會議立即驅逐那些不討喜的代表。

國民公會一般是由受過教育的人組成，而公社和俱樂部的成員則大多數是小店主、工人和手工業者，他們沒有個人見解，總是追隨他們的領袖，如丹敦、德穆蘭、羅伯斯比爾等人。

在俱樂部和起義公社這兩股勢力中，公社在巴黎的影響力更大，因為它為自己組建了一支革命軍隊。它麾下有四十八個國民衛隊委員會，他們的任務就是殺人、搶劫，尤其是掠奪。

公社鎮壓巴黎的暴行令人髮指。例如，它將監控首都一部分地區的權力委託給一位名叫夏朗德（Chalandon）的鞋匠。這個權力意味著他可以隨意將懷疑的人送交革命法庭，這就等同於送上斷頭台，整個街道幾乎被他掃蕩一空。

國民公會在一開始對公社作出了微弱的抗爭，但是抵抗並未持續。衝突的高潮發生在國民公會希望逮捕埃貝爾，也就是公社的朋友時，公社派出武裝團體威脅國民公會，並要求驅逐那些挑起此舉的吉倫特派人士。當國民公會拒絕時，公社於1798年6月2日，透過由漢里奧特（Hanriot）指揮的革命軍隊，圍攻議會。議會被嚇壞了，因此交出了二十七名成員。公社立即派出了一個代表團，諷刺地祝賀它的服從。

吉倫特派倒台後，國民公會完全服從了公社的命令。公社下

令徵召一支革命軍，並配備一個法庭和一把斷頭台，這個法庭和斷頭台將遍布全法國，以處決嫌疑犯。

直到羅伯斯比爾倒台後，國民公會才設法擺脫雅各賓派和公社的控制。它關閉了雅各賓俱樂部，並將其主要成員送上斷頭台。

然而即便面對這樣的制裁，這些領導者仍舊持續挑動民眾，將他們鼓動起來反對國民公會。在芽月（Germinal）和牧月（Prairial）期間，國民公會甚至歷經了經常性的圍攻。武裝的代表團甚至成功地迫使國民公會投票恢復公社並召集新國民議會，這項措施在叛亂分子撤退後，國民公會立即予以廢除。為掩飾其恐懼，國民公會還調遣軍團解除了郊區的武裝，並逮捕了近萬人。二十六名運動領導者被處死，六名參與暴動的議員被送上了斷頭台。

但國民公會沒有進行任何抵抗。當它不再受俱樂部和公社的領導時，它服從了公共安全委員會，不經討論就通過了它的法令。

威廉斯（H.Williams）寫道：「曾說過要讓歐洲所有的王公貴族都帶著鎖鏈站到自己腳下的國民公會，卻被一小群傭兵囚禁在自己的避難所裡。」

2. 國民公會時期的法國政府 —— 恐怖統治

1792年國民公會一召開，便立即頒布廢除君主制的法令，儘管各省份仍然擁護君主，但國民公會仍舊宣佈實行共和。

它深信這樣的宣言將改變文明世界，因此建立了一個新時代和新曆法。這個時代的第一年，標誌著一個只有理性才能統治世界的黎明。對路易十六的審判揭開了這一時代的序幕，這是公社下令採取的措施，但公會的大多數人並不希望這樣做。

事實上，大會一開始就是由相對溫和的吉倫特黨人領導的。主席和祕書都是從這個黨派中最有名的人中挑選出來的。後來成為會議絕對主宰的羅伯斯比爾此時的影響力微乎其微，以至於他在主席選舉中只獲得了六票，而佩蒂翁則獲得了兩百三十五票。

山嶽派黨人起初的影響力非常微弱，他們的勢力是後來才逐漸發展起來的。當他們掌握權力時，國民公會就再也容不下溫和派成員了。

儘管山嶽派是少數，但他們還是設法迫使議會對路易進行審判。這既是對吉倫特派的勝利，也是對所有國王的譴責，更是舊秩序與新秩序之間的最終決裂。

為了促成審判，他們採取了非常巧妙的操作策略，用來自各省的請願書炮轟國民公會，並派出來自巴黎叛亂公社的代表團，要求進行審判。

基於革命議會的一個共同特質，即屈服於壓力、並總是做出與他們意願相反的事，國民公會的議員不敢反抗，審判因此確定。

吉倫特派並不希望國王喪命，但一旦聚集在一起，在恐懼之下，他們還是投票贊成了。為了保住自己的腦袋，路易的堂兄奧爾良公爵（Duc d'Orleans）也投了贊成票。路易十六有預見未來的能力，那麼他就能看見在1793年1月21日自己登上斷頭台後，那些軟弱無力，無法捍衛他的吉倫特派人士，也將一個接一個地追隨他而去。

僅從純粹功利的角度來看，處死國王是大革命的錯誤之一。它引發內戰，並使歐洲武裝起來反對法國。在國民公會中，國王的死引發了內鬥，最終導致山嶽派的勝利，以及吉倫特派被驅逐。

在山嶽派的影響下所通過的措施最終變得極其專制，以至於包括西部和南部在內的六十個省份都發生叛變。這場由許多被驅逐的代表所領導的起義，如果不是因為保皇派的妥協介入，使人們擔心舊制度會回歸，這場起義或許會成功。事實上，在土倫

（Toulon），許多起義者擁護路易十七為繼任的國王。

接著，內戰由此展開，並持續了大部分革命期間。戰爭殘酷的屠殺了老人、婦女和兒童，村莊和農田被焚毀。僅在旺代，死亡人數就有50萬到100萬之間。

內戰後不久，隨之而來的是對外戰爭。雅各賓派認為可以通過制定新憲法來解決所有這些問題。相信這公式的神奇功效一直是所有革命集會的傳統。在法國，這種信念從未因實驗的失敗而動搖。

大革命的偉大崇拜者之一蘭博寫道：「堅定的信念支撐著國民公會進行這項工作；國民公會堅信，當它將革命的原則寫入法律時，它的敵人就會被迷惑，或者更好的是，他們會幡然悔悟，正義的到來將解除起義者的武裝。」

在那期間，國民公會起草了兩部憲法，包括1793年的憲法（即第一年），以及1795年（即第三年）的憲法。第一部憲法從未施行過，很快就被絕對的獨裁政權所取代；第二部憲法則創立了督政府。

該會議包含了大量的律師和商界人士，他們很快理解到不可能透過一個龐大的議會治理國家。他們將國民公會劃分為小型委

員會，每個委員會獨立運作，包括業務委員會、立法委員會、財政委員會、農業委員會、藝術委員會等等。這些委員會負責起草法律，國民公會通常不加審查就投票通過。

多虧了他們，國民公會的工作才不至於是純粹是破壞。他們起草了許多非常有用的措施，設立了重要的學院，建立了公制等等。正如我們已經看到的那樣，議會的大多數成員都躲進了這些委員會，以逃避可能會危及他們腦袋的政治衝突。

在與政治無關的商業委員會之上，是公共安全委員會，公共安全委員會成立於1793年4月，由九名成員組成。起是由丹敦領導，同年7月由羅伯斯比爾領導，它逐漸吸收了政府的所有權力，包括向部長和將軍下達命令的權力。卡諾指揮戰爭行動，企業家康邦（Cambon）負責財政，聖茹斯特和科洛·德爾布瓦負責總體政策。

儘管由技術委員會投票通過的法律往往非常明智，並構成了國民公會的持久工作，但那些在代表團的威脅下由全體大會投票通過的法律顯然是荒謬的。

在這些法律中，某些並不完全符合公眾或國民公會自身利益的法律，例如1793年9月通過的最高限價法，該法試圖固定食品

價格，但實際上只是造成了持續的匱乏；聖丹尼（Saint-Denis）皇家墓地的毀壞；對王后的審判；計劃性的對旺代地區進行焚燒破壞；以及革命法庭的設立等等。

恐怖統治是國民公會期間的主要治理手段。它開始於1793年9月，持續了六個月，直到羅伯斯比爾死亡為止。儘管某些雅各賓派人士，例如丹敦、德穆蘭、塞舍爾等人提議應試行寬恕政策，但都徒勞無功。這個提議的唯一結果就是提議者被送上了斷頭台。結束這個可恥時期的原因，只是公眾的倦怠。

國民公會中各派接二連三的鬥爭，以及走向極端的傾向，使曾經在其中發揮過作用的重要人物接連被淘汰出局。最終，它完全落入了羅伯斯比爾的專制統治之下。就在國民公會肆意破壞和蹂躪法國的同時，軍隊卻取得了輝煌的勝利。他們奪取了萊茵河左岸、比利時和荷蘭。巴塞爾條約（The Treaty of Basle）確認了這些征服。

我們之前已經提到過，我們將再次回到這個問題，那就是軍隊的工作必須與國民公會的工作絕對分開來。當時的人完全理解這一點，但今天卻常常被遺忘。

1795年，持續了三年的國民公會解散，人們普遍對它不信

任。作為民眾反覆無常的玩物，它並未成功地使法國平靜下來，反而使法國陷入了無政府狀態。關於國民公會的一般看法，可以從1799年7月瑞典公使館的巴龍·德林克曼（Baron Drinkmann）寫的一封信中得到很好的總結：「我冒昧地希望，沒有任何民族的統治者，會比那些自法國獲得新自由以來統治過法國的人更殘忍、更低能。」

3. 國民公會的結束──督政府的開始

在國民公會存在接近尾聲之時，他們依然對公會的力量深信不疑，因此又起草了一部新的憲法，即三年憲法，旨在取代1793年從未實施過的那部憲法。立法權將由一百五十名議員組成的所謂長老院，以及由五百名議員組成的代議院共享。行政權則由五人督政府掌握，這些成員由五百人議會提名，然後由長老議會任命，每年通過選舉改選其中一名成員。根據規定，新議會三分之二的成員應從議會代表中選出。這項謹慎的措施並不十分奏效，因為只有十個省仍然忠於雅各賓派。

為了避免保皇黨人當選，國民公會決定永久驅逐所有的流亡者。

　　這部憲法的公布並沒有對公眾產生預期的影響。民眾的騷亂仍在繼續。其中最重要的一次，是在1795年10月5日威脅議會的那場動亂。

　　領導者向議會派遣了一支名副其實的軍隊。面對這樣的挑釁，國民公會最終決定自衛，並派遣軍隊，將指揮權交給巴拉斯。

　　當時正從默默無聞中崛起的拿破崙，被委以鎮壓的任務。有了這樣的領導者，行動迅速且有力。在聖羅克（St. Roch）教堂附近被猛烈的砲火攻擊後，叛亂者到處逃竄，數百人當場死亡。

　　這項行動表現出國民公會少有的堅定態度，然而，這只是由於軍事行動的迅速，因為在這些行動進行期間，叛亂分子派出代表參加會議，而國民公會像往常一樣，表現出隨時準備向他們屈服的姿態。

　　鎮壓這場暴亂是國民公會的最後一次重要行動。1795年10月26日，國民公會宣布使命結束，讓位於督政府。

　　我們已經強調了國民公會的政府所提供的一些心理教訓。其中最引人注目的一點是，暴力無法長期控制人們的思想。

　　從來沒有任何一個政府擁有如此強大的行動手段，然而，儘管有永久的斷頭台，儘管有隨斷頭台被派往各省的代表，儘管有

嚴厲的法律，國民公會仍不得不與暴亂、叛亂和陰謀進行長期鬥爭。即使成千上萬的人頭落地，巴黎的城市、各省和郊區仍不斷叛亂。

這個議會自以為擁有最高權力，卻與根植於人們思想中的無敵力量作對，而這種力量是任何物質限制都無法戰勝的。它從未理解這些隱藏的驅動力量，徒然地與之抗爭。最終，無形的力量還是取得了勝利。

第五章

革命暴行的實例

1. 革命暴行的心理原因

我們在前面幾章中已經說明，革命理論構成了一種新的信仰。

他們充滿人道主義和情感，崇尚自由和博愛。但是，正如許多宗教一樣，我們可以看到教義與行動之間的完全矛盾。在實踐中，沒有自由可言，博愛很快被瘋狂的屠殺所取代。

原則與行為之間的這種對立，主要是因為所有信仰對其他信仰的不寬容。一種宗教可能充滿人道主義，但他們想將思想強加於所有人身上時，暴力就成為不可避免的結果。

因此，大革命的殘酷是傳播新教條的必然結果。宗教裁判所、法國的宗教戰爭、聖巴塞洛繆日、南特詔令的廢除、龍騎兵、對詹森教派的迫害等等，都與恐怖活動源自同樣的心理根源。

路易十四並不是一個殘忍的國王，然而在他的信仰驅使下，

他驅逐了數以百萬計的法國新教徒，先是射殺了一部份人，又將其他人送往刑船。

所有信徒所採用的說服方法，絕不是出於對異議的恐懼。在路易十四時代，新教徒和詹森主義者根本不具威脅。不寬容的根源在於，人們堅信自己掌握了絕對真理，對那些拒絕接受的人感到憤怒和不可理解。既然有能力糾正錯誤，為何要放任錯誤繼續存在呢？

古往今來的信徒都是這樣推理的。路易十四和恐怖份子也是如此。恐怖份子也深信他們掌握著絕對真理，他們認為這些真理顯而易見，真理的勝利必將使人類重生。他們對待對手，能比教會和法國國王對異端更加寬容嗎？

我們不得不相信，恐怖是所有信徒視為必要的方法，因為從古至今，宗教法典都是建立在恐怖的基礎上。為了迫使人們遵守他們的規定，信徒試圖以永恆地獄的折磨來恐嚇他們，使他們感到恐懼。

雅各賓派信仰的使徒，行為與其父輩如出一轍，採用的方法也是一樣的。如果類似的事件再次發生，我們就會看到同樣的行動再次出現。如果一種新的信仰，例如社會主義，將在明天取得

勝利，那麼它就會採用如同宗教裁判所和恐怖時期的宣傳方式。

但如果我們僅將雅各賓恐怖視為宗教運動的結果，我們就無法完全理解它。正如我們在宗教改革的案例中看到的，圍繞著勝利的宗教信仰，會聚集許多依賴於該信仰的個人利益。恐怖統治由少數狂熱使徒所領導，但除了這少數熱心的追隨者（他們狹隘的思想夢想著改造世界）之外，還有一大批人只是為了致富而活著。他們很容易集結在第一個勝利的領導人周圍，因為他承諾讓他們享受掠奪的成果。

索雷爾寫道：「革命的恐怖分子之所以訴諸於恐怖，是因為他們希望繼續掌握權力，他們只能透過這個方式做到。他們為了自己的救贖而運用恐怖手段，並且在事件發生後，聲稱他們的動機是為了拯救國家。在它成為一種制度之前，它只是政府的一種手段，而制度的發明只是為了證明手段的正當性。」

因此，我們完全同意奧利維耶在他的革命著作中對恐怖的評價：「恐怖活動首先是一場扎克雷起義，一場正規化的掠奪，是有史以來任何罪犯組織的最大規模盜竊活動。」

2. 革命法庭

　　革命法庭是恐怖行動的主要手段。除了在丹敦的煽動下成立的巴黎法庭（該法庭一年後將創始人送上斷頭台）外，法國到處都有這樣的法庭。

　　泰納說：「全國各地共有一百七十八個法庭，其中四十個是巡迴法庭，這些法庭所判處的死刑會立即當場執行。從1793年4月16日到第二年熱月9日（1794年7月27日），巴黎的法庭處決了兩千六百二十五人，僅在奧蘭治（Orange）小鎮，就有三百三十一人被送上斷頭台。在亞眠市（Arras），有兩百九十九名男子和九十三名婦女被送上斷頭台……僅在里昂市，革命專員就承認進行了一千六百八十四次處決……估計這些謀殺事件的總數為一萬七千人，其中包括一千兩百名婦女，甚至還有一些是八十多歲的老人。」

　　雖然巴黎革命法庭只聲稱有兩千六百二十五名受害者，但不要忘記，在9月的「幾天」內，所有嫌疑人都已被草率屠殺。

　　巴黎革命法庭，只是公共安全委員會的一個工具，實際上正如律師富基埃‧廷維爾（Fouquier Tinville）在受審時所說的那

樣，它實際上只限於執行自己的命令。起初，革命披著一些法律形式的外衣，但這些形式不久就蕩然無存。審訊、辯護、證人等等最終都被取消。道德證據，也就是單純的懷疑就足以定罪。庭長通常只向被告提出一個模糊的問題來滿足自己。為了加快工作進度，富基埃・廷維爾提議在法庭的同一地點安裝斷頭台。

這個法庭不分青紅皂白地將所有因黨派仇恨而被捕的被告送上斷頭台，很快就成為羅伯斯比爾手中最血腥的暴政工具。它的創始人之一丹敦也成為受害者，在登上斷頭台的前一刻，平心公正地祈求上帝和人們原諒他協助建立了這樣一個法庭。

無論是拉瓦節的天才，還是德穆蘭的溫柔，抑或是馬勒澤布的功績，在它面前都無法得到憐憫。思想家，也是政治家班傑明・康斯坦丁（Benjamin Constant）說：「這麼多的天才，卻被最懦弱、最殘暴的人屠殺了！」

要想為革命法庭找到任何藉口，我們就必須回到我們對雅各賓派宗教心態的理解，雅各賓派創立並領導了革命法庭。革命法庭的精神和目的堪比宗教裁判所。為它提供犧牲品的人，像是羅伯斯比爾、聖茹斯特和庫松在鎮壓所有異教徒後，認為自己是群眾的恩人，因為異教徒是要讓地球再生的信仰的敵人。

　　恐怖時期的處決並不僅影響貴族成員，還有四千名農民和三千名工人被送上了斷頭台。

　　在我們的時代，死刑處決在巴黎會引起極大的反應，人們可能會認為，同時處決這麼多人也會引起極大的情緒。但習慣已經使人變得麻木，以至於人們最終變得不大關注這件事。母親會帶著孩子去看被送上斷頭台的人，就像今天她們會帶著孩子去看木偶戲一樣。

　　每天執行死刑的場面，讓當時的人們對死亡漠不關心。所有人都安安靜靜地登上了斷頭台，吉倫特黨人在登上台階時高唱《馬賽曲》（*La Marseillaise*）。

　　這種順從源自習慣定律，它能迅速削弱人們的情感。保皇黨起義活動每天都在發生，由此可見，斷頭台的威脅不再讓人們恐懼。過度的恐怖統治根本不會讓人心生恐懼，除非有中斷，否則就不是一種有效的心理過程。真正的恐怖在於威脅，而不是威脅的實現。

3. 省份的恐懼

　　革命法庭在各省執行的死刑，只是恐怖時期各省大屠殺的一

部分。由流浪漢和強盜組成的革命軍在法國大肆殺戮和掠奪。泰納的這段話正好說明革命軍的行動方式：

> 「在貝都因（Bedouin）這個擁有兩千名居民的小鎮上，不知名的人砍倒了自由之樹，四百三十三座房屋被拆毀或燒毀，十六人被送上斷頭台，四十七人被槍殺；所有其他居民都被驅逐，被迫在山中過著流浪的生活，只能棲身於地洞中。」

被送上革命法庭的可憐人，命運也好不到哪裡去。第一次模擬審判很快就被壓制下來。在南特，卡里耶按照自己的喜好淹死和槍殺了近五千人，其中有男人、婦女和兒童。

熱月政變後，《監察報》（Moniteur）刊登了這些大屠殺的細節，摘錄如下：

> 湯瑪斯（Thomas）說：「在攻佔諾伊穆蒂耶（Noirmoutier）之後，我看到男人、女人和老人都被活活燒死……婦女被侵犯，十四、五歲的女孩被屠殺，嬌嫩的嬰兒被扔

到刺刀上；從母親身邊被抱走的孩子躺在地上。」

在同一期中，我們還讀到了一個叫朱利安（Julien）的證詞，他講述了卡里耶如何強迫受害者挖掘墳墓，活埋自己。1794年10月15日的報紙，刊登了梅林・德・希翁維爾（Merlin de Thionville）的一份報告，證明德斯坦號（le Destin）船長接到命令，將四十一名受害者裝船溺死，「其中有一名七十八歲的盲人、十二名婦女和十四名兒童，其中十人只有六歲到十歲的年紀，甚至有五人還在哺乳期。」

在對卡里耶的審判過程中，證明他「下令淹死和射殺婦女和兒童，並命令哈克索（Haxo）將軍消滅旺代的所有居民，燒毀他們的住所」。

像所有大肆殺人的兇手一樣，卡里耶以看到受害者受苦為樂。「他說：『在我追捕牧師的那個部門時，我從來沒有像看著他們臨死前猙獰面目那樣大笑過，也從來沒有像這樣快樂過』」（摘自《監察報》，1794年12月22日）。

為了迎合督政府熱月黨的反擊浪潮，卡里耶受到了審判。然而在許多其他城鎮也上演了南特的大屠殺。富歇在里昂殺害了兩

千多人，土倫也有許多人被殺害，以至於人口在短短幾個月內從兩萬九千人下降到七千人。

我們必須為卡里耶、國民議會代表弗雷隆（Freron）、富歇和所有這些陰險小人辯護，他們一直受到公共安全委員會的刺激。卡里耶在受審時證明了這一點。

他說：「我承認，我們每天會槍決一百五十名至兩百名囚犯，但這是委員會的命令。我當時通知國民公會，成百上千的暴徒被槍殺，而他們鼓掌支持這封信，並下令將其刊登在公告中。現在對我如此憤怒的這些代表，當時他們在做什麼？他們在鼓掌。為什麼他們當時仍然把我留在職位上？因為那時候我是國家的救星，而現在我成了嗜血之人。」

令人遺憾的是，卡里耶並不知道，正如他在同一次演講中所說的，只有七、八個人在領導國民公會。

但是，恐怖的議會批准了這七、八個人的所有命令，因此他們對卡里耶的論點無言以對。他當然應該被送上斷頭台，但整個國民公會也應該和他一起被送上斷頭台，因為大會批准了大屠殺。

委員會的信件為卡里耶辯護，「執行任務」的代表不斷受到這些信件的刺激，這表明恐怖的暴力是一種制度造成的，而不是

像聲稱的那樣，是少數人的主動行為。

恐怖時期對毀滅的渴求絕不僅僅是對人的毀滅，對無生命物的破壞更大。真正的信徒一直是偶像破壞者。一旦掌權，他便會以同樣的熱情摧毀他的信仰敵人，以及那些讓人想起被攻擊信仰的圖像、寺廟和象徵。

我們知道，當羅馬皇帝狄奧多西一世（Theodosius）皈依基督教後，他的首要行動，就是摧毀在尼羅河旁邊已經建立了6千年的大部分神廟。因此，當我們看到革命領袖攻擊古跡和藝術品時，必定不會感到驚訝，因為對他們來說，這些都是令人憎惡的過去的遺跡。

雕像、手稿、彩色玻璃窗和盤子被瘋狂地砸碎。當富歇，也是拿破崙時期未來的奧特朗托公爵（Duke of Otranto）在路易十八統治時期擔任部長，被派往尼埃夫爾（Nievre）作為國民公會的委員時，他下令拆除所有城堡的塔樓和教堂的鐘樓，因為這些建築「傷害了平等」。

革命的破壞行為甚至延伸到墓地。巴雷爾向議會宣讀了一份報告後，聖丹尼富麗堂皇的王室陵墓被砸成碎片，其中包括格爾曼・皮隆（Germain Pilon）建造的亨利二世陵墓，棺材被清空。

圖雷納的屍體被當作奇珍異寶送進了博物館。亨利四世的鬍子和鬍鬚也被扯掉了。

看見這些相對開明的個人竟默許法國藝術遺產的毀滅，實在令人心痛。要理解他們的行為，我們必須記住，狂熱的信念可能導致極端的手段，而經常受到暴民騷擾的國民公會，往往會屈服於民意。

這份關於毀滅的「輝煌」記錄，不僅證明了狂熱的力量，還向我們展示了從社會束縛中解放出來的群眾面目，以及落入他們手中的國家會有何種下場。

第六章

革命軍隊

1. 革命議會與軍隊

如果對於革命會議,尤其是對國民公會的了解,僅限於他們內部的紛爭、他們的軟弱和暴力行為,那麼他們的存在確實會是令人感到沮喪。

儘管這段歷史充滿血腥,但因其軍隊的輝煌戰績,即使是敵人也不得不承認,這是一個光榮的時代。當國民公會瓦解之際,法國已憑藉武力擴張,吞併了比利時和萊茵河左岸,國土版圖大幅擴展。

從整體上看,將法國軍隊的勝利歸功於國民公會似乎是公平的,但如果我們分別研究各個要素,就可看出兩者有其各自的思考模式與行事風格。國民公會在當時的軍事事件中所佔的份量非常小。邊境上的軍隊和巴黎的革命議會形成了兩個獨立的世界,

它們對彼此的影響微乎其微，對事物的看法也大相徑庭。

我們已經看到，國民公會是一個軟弱無力的政府，它每天都根據民眾的衝動改變自己的想法；它實際上是一個無政府主義的典型案例。它無法發號施令，卻被民眾牽著鼻子走；那麼，怎麼能期望它指揮軍隊呢？

議會完全沉浸在內部爭論中，將所有軍事問題交給了一個特別委員會，該委員會由卡諾指揮，其真正職能是為部隊提供補給和彈藥。卡諾的優點在於，他不僅指揮了法國可調動的七十五萬兩千名士兵，並將他們部署在戰略上有價值的地點，他還建議軍隊的將軍採取進攻策略，並保持嚴格的紀律。

議會在保衛國家方面的唯一職責就是頒布徵兵令。面對當時威脅法國的眾多敵人，沒有任何政府能避免採取這樣的措施。有一段時間，議會還向軍隊派遣代表，指示他們斬首某些將軍，但這項政策很快就被放棄了。

事實上，議會的軍事活動一直非常微弱。軍隊憑藉自己的人數、熱情和年輕將領設計的戰術，在毫無外援的情況下就取得了勝利。他們獨立於會國民公會之外，進行戰鬥並取得勝利。

2.歐洲與大革命的鬥爭

在列舉促使革命軍取得勝利的各種心理因素之前，我們不妨簡要回顧一下反歐戰爭的起源和發展。

由於歐洲各國長期以來將法國視為敵對勢力，因此大革命開始後，各國君主便幸災樂禍的看著法國君主制面臨的困難。普魯士國王認為法國已經元氣大傷，於是想以犧牲法國為代價來充實自己，於是他向奧地利皇帝提議幫助路易，條件是接受佛蘭德斯和阿爾薩斯兩個區域作為賠償。1792 年 2 月，兩國君主簽訂了反法同盟。在吉倫特派的影響下，法國預先對奧地利宣戰。法軍一開始就受到了多次牽制。盟軍深入香檳區，並逼近巴黎130英哩。迪穆里埃（Dumouriez）在瓦爾米（Valmy）的勝利迫使他們撤退。

雖然在這場戰役中只有三百名法國人和兩百名普魯士人喪生，但結果卻非常重大。一支被認為無敵的軍隊被迫撤退的事實，給了年輕的革命軍隊勇氣，他們在各地開始積極進攻。幾週後，瓦爾米的士兵將奧地利人從比利時趕走，他們以解放者的姿態受到了比利時人民的熱烈歡迎。

但正是在國民公會的領導下，戰爭才變得如此重要。1793年初，議會宣佈比利時與法國合併。由此引發了與英國長達22年的衝突。

1793年4月，英國、普魯士和奧地利代表聚集在安特衛普（Antwerp），決議分割法國。普魯士佔領阿爾薩斯和洛林；奧地利佔領佛蘭德斯和阿圖瓦（Artois）；英國則佔領敦克爾克（Dunkirk）。奧地利大使提議以恐怖手段來鎮壓革命，「實際上消滅掌控國家的整個黨派。」面對這樣的宣言，法國如果不起身抵抗，就只能等著亡國。

在1793年至1797年間的第一次聯軍期間，法國必須在從庇里牛斯山脈到北部的所有邊境地區作戰。

一開始，法國就失去了以前的領地，並遭受了幾次挫敗。西班牙人佔領了佩皮尼昂（Perpignan）和巴揚（Bayonne），英國人佔領了土倫，奧地利人佔領了瓦朗謝訥（Valenciennes）。就在那時，國民公會在1793年底，下令對18至40歲的所有法國人進行全面徵召，並派遣75萬人到前線。皇家軍隊的舊團隊與志願者和新兵的營隊合併在一起。

盟軍被擊退，瓦蒂尼戰役的勝利使莫伯日（Maubeuge）得

以解圍，這場勝利由茹爾丹（Jourdan）取得。軍事領袖霍赫（Hoche）解救了洛林。法國採取了攻勢，重新征服了比利時和萊茵河左岸。茹爾丹在弗勒呂擊敗了奧地利人，將他們驅逐回萊茵河，並佔領了科隆和科布倫茨。荷蘭被入侵。面對法國的強大攻勢，盟國君主不得不放棄抵抗，轉而尋求和平，並承認了法國佔領的既成事實。

由於歐洲各國忙著瓜方荷蘭，無法全心投入這場戰役，而讓法國佔了便宜。在每個國家都希望能在荷蘭獲得更多的領土，甚至普魯士國王在1792年的瓦爾米戰役後撤退。1793年到1795年間終於完成這件事。

盟國間的觀望與互不信任，恰好為法國提供了喘息之機。若奧地利軍隊於1793年夏進攻巴黎，正如蒂博將軍所言，「我們將遭受百倍的損失」。幸而敵方延誤了戰機，使法國得以從容整頓軍隊，培養將領。

巴塞爾條約簽訂後，法國在歐洲大陸幾乎沒什麼對手了，就剩下奧地利一個。於是，法國政府決定打擊義大利的奧地利軍隊。拿破崙被派去指揮這場戰爭。經過一年激戰，從1796年4月到1797年4月，他終於迫使法國的最後一個敵人奧地利求和。

3. 決定革命軍隊成功的心理和軍事因素

要想了解革命軍隊取得成功的原因，我們必須記住這些衣衫襤褸、經常赤腳的軍隊所表現出的驚人熱情、耐力和自我犧牲。他們深受革命原則的薰陶，認為自己是一種新宗教使徒，這種宗教注定要使世界重生。

革命軍隊的歷史讓人想起阿拉伯游牧民族的歷史，他們被穆罕默德的理想激起了狂熱，變成了強大的軍隊，迅速征服了古羅馬世界的一部分。一種類似的信仰賦予了共和國士兵英雄主義和無畏精神，這種英勇和無畏從未讓他們失望，任何逆境都無法動搖他們。當國民公會讓位給督政府時，他們解放了國家，並將侵略戰爭推進到敵人的領土之上。在這個時期，士兵是法國唯一真正的共和主義者。

信仰是具有感染力的，而革命被視為一個新的時代，因此，被君主絕對主義壓迫的幾個國家，把侵略者當作解放者來歡迎。薩沃伊（Savoy）的居民竟然還跑出來迎接部隊。

在美因茨（Mayence），群眾熱情地歡迎他們，種下了自由之樹，並仿效巴黎成立了一個國民公會。

革命軍在對抗長期受壓迫、缺乏自身理想之人民時，往往能輕易取勝。然而，一旦遭遇同樣懷抱堅定信念之群眾，勝利便變得遙不可及。

新的自由和平等理想能夠吸引那些沒有明確信念且受到專制壓迫的人，但對於那些在他們心中已經深深植根的強大理想，自然無法抵抗。宣揚自由和平等的全新理想，的確可以吸引那些信念模糊、飽受統治階級專制壓迫的人民，但是對於那些思想中根深蒂固地存在著另一套強大理想的人們來說，這種新理想自然就顯得軟弱無力。因此，布列塔尼人（Bretons）和旺代人（Vendeeans）的宗教和君主情感極其強烈，多年來成功地與共和國軍隊進行了鬥爭。

1793年3月，旺代和布列塔尼的起義已蔓延至10個省。普瓦圖（Poitou）的旺代人和布列塔尼的舒昂人（Chouans）派出了 8 萬士兵參戰。

當兩種完全不同的信仰對撞在一起，而且這些信仰根本就沒辦法用道理來解釋的時候，衝突就會變得特別殘酷。跟旺代地區的人打仗就是這樣，就像宗教戰爭一樣。一直到1795年底，霍赫才算是「平定」了這個國家。不過，這個「平定」其實就是把反

抗的人全都殺光了。

莫利納利（Molinari）寫道：「經過兩年的內戰，旺代只剩下一堆駭人的廢墟。大約有 九十萬人喪生，其中包含了男人、婦女、兒童和老人，少數躲過屠殺的人幾乎找不到食物或住所。田地被毀壞，籬笆和牆壁被摧毀，房屋被燒毀。」

革命士兵除了擁有令他們所向披靡的信仰外，通常還擁有由傑出將軍所率領的優勢，這些將軍充滿熱忱，而且是在戰場上鍛鍊出來的。

由於大多數軍隊以前的將領多已流亡海外，新的軍官體系應運而生。這為那些具備天賦的軍事人才提供了嶄露頭角的機會，他們迅速晉升至各級軍官。例如，霍赫於1789年僅為下士，而於二十五歲時已成為師長兼軍隊指揮官。這些年輕將領的進取心極強，令敵軍措手不及。他們憑藉自身能力，不受傳統束縛，迅速發展出一套適應新形勢的戰術。

面對受過嚴格訓練，且採用七年戰爭以來所普遍使用戰術的職業老兵，缺乏經驗的士兵根本無法執行複雜的戰術動作。

當時的戰爭主要依靠密集的兵力優勢。由於將軍們能夠調動龐大的軍隊，這種雖然殘暴卻高效的戰術所造成的兵力缺口能夠

迅速得到彌補。

法國軍隊採用密集的刺刀衝鋒戰術，迅速擊敗了注重士兵生命的敵軍。當時火器的射速較慢，使得法國的戰術得以有效運用。儘管取得了勝利，但代價是慘重的。據統計，從1792年至1800年，法國軍隊損失了超過三分之一的兵力，大約有70萬人戰死沙場。

通過心理學的視角，我們將從事件的事實出發，深入探究其所產生的後果。

對巴黎和軍隊中的革命群眾進行研究，可以看到截然不同，但又易於理解的圖像。

我們已經證明，群眾並沒有理智，他們只服從自己的衝動，而這種衝動總是不斷變化，但我們也看到，他們很容易產生英雄主義，利他主義往往高度發展，很容易找到成千上萬的人願意獻出自己的生命。

心理特質如此多元，在不同狀況下，自然會導致相異、甚至完全矛盾的行動。國民公會與其軍隊的歷史正足以證明這一點。它向我們展示出，儘管巴黎和邊疆地區的人們組成相似，但他們的行為卻截然不同，讓人很難相信他們是同一群人。

在巴黎，人群秩序混亂、暴力、兇殘，他們的要求變化無常，以至於所有政府都無法管理。

軍隊中的情況則完全不同。這些數量龐大、尚未習慣戰場的許多百姓，被勤勞的農民群體中井然有序的力量所約束，被軍隊紀律所規範，並受到具有感染力的熱情所鼓舞，英勇地忍受著艱辛，蔑視著危險，共同形成了那支所向披靡、最終擊敗了歐洲最令人聞風喪膽的軍隊 。

這些事實表明，紀律的力量是無窮的。紀律改變人。擺脫了紀律的影響，民族和軍隊就會變成野蠻的部落。

人們常常會忘記這項真理，而且情況越來越嚴重。我們無視集體邏輯的基本規律，反而越來越讓步於變動的群眾衝動，而不是學習去引導它們。

群眾需要的是指引他們未來的道路，而不是讓他們自行選擇。

第七章

革命領導者的心理學

1. 革命人物性格分析：暴力和軟弱性格對革命者心理 的影響。

人的判斷力來自於智慧，並由性格引導，要完全理解一個人，必須將這兩種元素分開。

在偉大的活動時期中（革命運動自然屬於這樣的時期），性格總是居於首位。

在前面幾章中，我們已經描述了在動亂時期佔主導地位的各種心態，現在我們不需要再回到這個主題。它們構成了一般類型，每個人的先天和後天個性，會自然而然地改變這些類型。

我們已經看到，神祕主義因素在雅各賓派的思想中，扮演了多麼重要的角色，它將新信仰的教派成員引向了兇殘狂熱。

我們也看到了，所有議會的成員並非全都是狂熱分子，甚至

還是少數，因為在最血腥的革命議會中，大多數都是由膽小溫和的中立人物組成。在熱月政變之前，這些人因為恐懼而隨暴力派投票，而在熱月政變之後，他們則隨溫和派代表投票。

與其他時期相同，在革命時期，持中立立場者往往佔大多數。這些人易受對立勢力影響，其行為往往矛盾。儘管表面上看似無害，實則與激進分子同樣具備潛在危險性。激進分子的力量，正得益於中立者的搖擺不定。

在所有革命中，尤其是在法國大革命中，我們都能看到少數心胸狹隘但意志堅定的人，他們肆無忌憚地支配著絕大多數人，這些人往往非常聰明，卻缺乏堅強的性格。

除了狂熱的使徒和軟弱的角色之外，革命總會產生只想著如何從中獲利的人。這樣的人在法國大革命期間比比皆是。他們的目的就是想著發財致富。巴拉斯、塔利安、富歇、巴雷爾等，他們的政治主張簡單來說就是以強凌弱。

自革命開始以來，這些「新貴」（在今天我們會這樣稱呼他們）就已經很普遍了。德穆蘭在1792年寫道：「我們的革命只是根植於每個人的自私和自尊，這些組合起來就構成了所謂的公共利益。」

如果我們再加上另一章中關於政治動盪時期的各種心態的論述，就會對大革命時期的人物性格有一個大致的了解。現在，我們將把已經闡述過的原則應用到革命時期最傑出的人物身上。

2.「任務代表」或委員的心理

在巴黎，國民公會成員的行為總是受到其同事的行動，以及周圍環境的引導、約束或刺激。

要正確評價他們，我們就應該觀察他們在不受控制、擁有完全自由時的行為表現。這些人正是被國民公會派往各省「執行任務」的代表。

這些代表的權力是絕對的。任何指責都不會使他們感到難堪。官員和地方行政長官不得不服從他們。

一名代表「在任務中」可以根據自己的判斷徵用、扣押或沒收財物；他可以根據自己的意願徵稅、監禁、驅逐或斬首，在他的管轄區內，他就是「帕夏」（pasha，譯註：鄂圖曼帝國的高級官員）。

他們以「帕夏」自居，展示自己「坐在6匹馬拉的馬車裡，被護衛包圍著；坐在擺滿30道菜的奢華餐桌前，伴隨著音樂進

餐，身邊跟隨著演員、妓女和傭兵……。」在里昂，「柯洛‧德爾布瓦的儀態威嚴，宛如大土耳其蘇丹。若想見他一面，必須連續請求三次；他的接待室前設有重重房間，無人膽敢靠近他十五步之內。」

人們可以想像這些獨裁者的巨大虛榮心，當他們在衛兵的簇擁下莊嚴地進入城鎮，只要一個手勢就會讓平民百姓人頭落地。

沒有客戶的小律師、沒有病人的醫生、未受褒獎的神職人員、默默無聞的律師，這些人以前的生活是最乏味的，但突然之間，他們卻與歷史上最強大的暴君平起平坐。他們可以隨意的送人上斷頭台、讓人溺斃、無情的射殺，一瞬間從過去的卑微轉變成權貴。

尼祿或赫利奧加巴盧斯（Heliogabalus）再殘暴，也無法與國民公會的代表相比。法律與習俗對前者總有些束縛，但對這些專員來說，卻毫無限制。

泰納寫道：「富歇手持長筒望遠鏡，從窗戶裡觀看里昂兩百多名居民被屠殺。科洛特（Collot）、拉波特（Laporte）和富歇在行刑槍決的日子裡盡情宴樂，每聽到一聲槍響，他們就歡呼雀躍，揮舞著帽子。」

在「執行任務」的代表人物中，我們可以舉醫生萊邦（Leb-on）為例，他在掌握了至高無上的權力後，就肆意蹂躪亞眠市和康布雷（Cambrai）。他和卡里耶的例子，顯示了人類在擺脫法律和傳統的束縛後會變成什麼樣子。這個兇殘委員的殘酷行為受到虐待狂的影響；斷頭台就設在他的窗前，以便他與妻子、助手在大屠殺中找到樂趣。他在斷頭台腳下，設立了一個飲酒亭，無套褲黨（the sans-culottes，譯註：又稱長褲漢，指的是低下階層的老百姓）可以來這裡飲酒。為了娛樂他們，劊子手會將被斬首者的裸體，以荒謬的姿態在人行道上排列。

「閱讀1795年亞眠的兩卷審判記錄，就像做了一場惡夢。在20次開庭期間，亞眠和康布雷慘案的倖存者穿過古老的轄區大廳，這位前國民公會成員就是在這裡接受審判的。這些悲傷的幽靈所述，令人不寒而慄。整條街道空無一人；九旬老人和十六歲少女在經過一場荒唐的審判後被斬首；死亡被肆意踐踏，甚至被美化、歌頌；處決時伴隨著音樂；兒童被徵召看守刑場；放蕩、犬儒主義、一個瘋狂暴君的奢靡生活，就如薩德小說中的情節般，變成了現實。當我們目睹這些恐怖事件被揭露，似乎整個長期處於恐懼之下的國家，終於將心中的恐懼釋放出來，並藉由壓

迫那個可憐的傢伙，來為自身的怯懦報復，使其成為一個令人憎惡的、早已消失的體制的替罪羊。」

前牧師唯一的辯護理由是他服從了命令。他被指責的事實早已為人所知，國民公會也從未因此而指責過他。

我已經說過「任務代表」的虛榮心，他們突然被賦予了比暴君還要強大的權力；但這種虛榮心還不足以解釋他們的兇殘。

這股殘暴來自其他根源。作為嚴酷信仰的使徒，國民公會的代表與神聖法庭的宗教裁判官一樣，對他們的受害者毫無憐憫之心，永遠也不會憐憫。此外，擺脫了傳統和法律的束縛，他們可以盡情釋放原始獸性在我們身上留下的最野蠻的本能。

文明壓抑了這些本能，但它們永不消逝。獵人的殺戮需求就是一個永久的證明。

庫尼塞特‧卡諾（Cunisset-Carnot）在下面的文字表達了這種遺傳傾向的影響，這種傾向在追求最無害的獵物時，重新喚醒了每個獵人內心中的野蠻：

「為殺戮而殺戮的樂趣可以說是普遍存在的；它是狩獵本能的基礎，但在當今文明國家，生存的需求在狩獵本能

的傳播中已經不再重要。事實上，我們仍舊延續著古老祖先因生存而必須存在的行動。在那個時代，他們不殺戮，就會餓死，而今天已經沒有任何合理的藉口來繼續這種行為。但事實就是如此，我們無能為力；我們可能永遠無法打破這種奴役鎖鏈。我們無法阻止自己在獵殺動物時強烈的快感。當我們被狩獵的興奮所掌控時，我們對動物失去了所有的憐憫之心。鳴禽，這些最溫柔和漂亮的生物、春天的魅力，都在我們的槍口下或在陷阱中窒息死亡，而當我們看到它們在痛苦中驚恐、流血、扭動，試圖用可憐的斷爪逃走，或者拼命拍打再也無法支撐的翅膀時，我們沒有一絲憐憫。這種衝動的藉口是專橫的祖先遺傳，即使我們生性善良，有時也無法抵抗這種力量。」

在平時，這種奇特的原始獸性受到法律的約束，只能在動物身上施展。當法律不再有任何作用時，它就會移轉到人類身上。這就是為什麼那麼多恐怖份子以殺人為樂。卡里耶說，他在受害者受折磨時看著他們的臉感到非常快樂，這非常典型。在許多文

明人身上，兇殘是一種被壓抑的本能，但它絕沒有被消除。

3. 丹敦與羅伯斯比爾

　　丹敦和羅伯斯庇爾是法國大革命兩位最具代表性的人物。丹敦的性格相對簡單，也較為人所知。他最初以俱樂部演說家著稱，性格衝動暴烈，經常煽動群眾。雖然在演講中極盡殘酷之能事，但事後常感後悔。革命初期，丹敦即嶄露頭角，而羅伯斯庇爾則默默無聞，幾乎處於最底層。

　　丹敦曾一度成為革命的靈魂，但他缺乏堅韌不拔的意志和堅定不移的行動。他貧窮，而羅伯斯比爾則不是。後者的持續狂熱戰勝了前者的間歇性努力。儘管如此，看到如此強大的護民官被他那蒼白、毒辣的敵人和平庸的對手送上了斷頭台，這是一個驚人的景象。

　　羅伯斯比爾是大革命中最有影響力的人，也是最常被研究的人，但他卻是最難以被解釋的人。我們很難理解他的巨大影響力，這種影響力使他不僅對革命的敵人，甚至對那些不可能被視為現今政府敵人的同僚們掌有生殺大權。

　　我們當然不能像泰納那樣說羅伯斯比爾是一個迷失在抽象概

念中的書呆子，也不能像米榭勒那樣斷言認為他是因為自己的原則而成功，更不能像他的同代人威廉斯說「他的政府祕密之一，是利用那些背負恥辱或犯有罪行的人作為他野心的踏腳石」。

我們無法將他的口才視為他成功的原因。他的眼睛戴著護目鏡，痛苦地朗讀著他的演講稿，這些演講稿都是由冰冷而不確定的抽象概念組成的。議會中不乏才華橫溢的演說家，如丹敦和吉倫特派；然而，是羅伯斯比爾摧毀了他們。

對於獨裁者最終取得優勢，我們實在沒有可以接受的解釋。他在國民議會中沒有影響力，卻逐漸成為了國民公會和雅各賓派的主宰。比約‧瓦倫說：「當他進入公共安全委員會時，他已經是法國最重要的人物。」

米榭勒寫道：「他的故事是神奇的，比拿破崙更為神奇。發展的脈絡、運作的機制、力量的積聚，都沒有那麼顯而易見。他只是一個正直、樸實而虔誠的人，才能平庸，卻在某個早晨突然崛起，被一股不知名的巨變力量所推動。 在《一千零一夜》裡都找不到類似的例子。眨眼之間，他便登上了比王座更高的位置，被供奉在祭壇之上。多麼令人驚奇的故事！」

毫無疑問，時勢的確幫助了他。人們把他視為一位極須仰

仗的主人。然而，他當時就已經處於那個位置了，我們真正想知道的是他迅速崛起的原因。我願意假設他身上存在著一種我們如今難以理解的個人魅力。他的女性崇拜者或許可以支持這個假設。在他演講的日子裡，「通道擠滿了女性……看台上擠了七、八百名女性，她們是帶著何等的狂熱在鼓掌啊！」在雅各賓俱樂部，當他演講時，會引發眾人的啜泣聲和激動的哭喊聲，人們跺腳彷彿要震塌整個大廳。一位年輕的寡婦，夏拉貝爾夫人（Chalabre），擁有每年一千六百英鎊的收入，她寫著火熱的情書給他，渴望嫁給他。

我們無法從他的性格中找到他受歡迎的原因。「他是一個多疑、智力平庸、無法理解現實、侷限於抽象概念的人，狡猾且虛偽，他主要的特點是過度的自負，這種自負感持續增長，直到他生命的最後一天。作為一種新信仰的高級祭司，他認為自己是被上帝派遣到地球上來建立美德統治的人。他所領受的著作稱「他就是那位永恆存在者，承諾來改造世界的彌賽亞。」

他滿腹文采，對自己的演講詞精雕細琢。他對德穆蘭等其他演說家或文學家的強烈嫉妒，導致了他們的死亡。

作者寫道：「暴君特別針對的對象是文人。對待文人，暴君

不僅懷有壓迫者的憤怒，還夾雜著同行的嫉妒；他迫害文人，並非源於他們反抗暴政，而是出於嫉妒文人的才華遠超於自己。」

這位獨裁者對其同事的蔑視幾乎是毫不掩飾的。接著，在巴拉斯觀見他梳洗的時候，他剃完鬍鬚，朝著同事的方向吐痰，彷彿對方不存在一般，不屑回答他的問題。

他對資產階級和議員同樣憎惡蔑視。在他眼中，只有群眾才是優雅的。他說：「當主權人民行使權力時，我們只能向它低頭。它所做的一切，都是美德和真理，不可能有任何過度、錯誤或犯罪。」

羅伯斯比爾有迫害妄想症。他砍掉別人的頭，不僅是因為他有使徒般的使命，還因為他相信自己被敵人和陰謀家包圍。索雷爾寫道：「儘管他的同僚在他面前十分懦弱，但他對他們的恐懼更甚。」

他的獨裁統治持續了五個月，是領袖力量到達頂峰的典型案例。我們可以理解，一個暴君在軍隊的支持下可以輕易摧毀他所不喜歡的人，但讓大量的同僚喪命卻令人匪夷所思。

羅伯斯比爾的權力是如此絕對，以至於他能夠把最傑出的代表，像是德穆蘭、埃貝爾、丹敦和其他許多人送上法庭，進而送

上斷頭台。傑出的吉倫特派在他面前灰飛煙滅。他甚至攻擊了可怕的公社，將其領導人送上了斷頭台，並用一個服從他命令的新公社取而代之。

為了更快地除掉那些讓他不悅的人，他唆使國民公會頒佈了牧月法，該法允許處決僅僅具有嫌疑的人，通過該法，他在49天內在巴黎砍下了1,373顆人頭。他的同事成了瘋狂恐怖的犧牲品，不敢在家中睡覺；出席會議的議員幾乎不到100人。大衛說：「我不認為我們山嶽派還剩下20人。」

正是他對自己權力的過度自信和國民公會的怯懦，使羅伯斯比爾失去了他的生命。羅伯斯比爾試圖讓他們投票通過一項措施，允許在沒有議會授權的情況下，根據執政委員會的命令，將代表送上革命法庭，也就是送上斷頭台。因此幾名山嶽派成員與部分中間派成員密謀推翻他。塔利安知道自己即將被處決，已經更無所顧忌，大聲指控他專制暴政。羅伯斯比爾本想通過宣讀手上早已準備好的講稿來為自己辯護，但他付出了代價，了解到雖然可以用邏輯的名義摧毀人，但不可能用邏輯的手段引導集會。密謀者的喊聲淹沒了他的聲音；在場許多成員也被感染，大聲重覆喊著「打倒暴君！」，這足以讓他徹底垮台。議會也趁此宣布

對他的指控。

公社希望拯救他，議會卻認為他非法。被這個神奇的公式打擊後，他註定失敗。

威廉斯寫道：「這種『非法』的呼喊，在那個時期對法國人來說，就如同瘟疫的一般可怕。被剝奪法律保護的人等同於被社會驅逐，人們彷彿認為，只要呼吸過他呼吸過的空氣，就會受到汙染。」這段話產生的效果，使得那些將大砲瞄準國民公會的炮手在沒有進一步命令下，立即將炮口轉向。

羅伯斯比爾及其所有黨羽，包括革命法庭主席聖茹斯特、巴黎公社市長等二十一人，在熱月十日被送上斷頭台。

第二天和第三天，又分別有七十名和十三名雅各賓派人士被處決。持續了十個月的恐怖統治終於結束了。

雅各賓派在熱月政變中垮台，是革命時期最奇特的心理事件之一。曾為羅伯斯比爾垮台努力過的山嶽派人士，沒有一個人曾夢想過這將標示著恐怖時期的結束。

塔利安、巴拉斯、福歇等人推翻了羅伯斯庇爾，就如同他曾推翻赫伯、丹東、吉倫丁派等人一樣。然而，當群眾的歡呼聲表明羅伯斯比爾的死終結了恐怖統治時，這些人卻裝出一副早有此

意的樣子。他們之所以這麼做，是因為國民議會的大多數——也就是所謂的「平原」——在長期忍受羅伯斯庇爾的恐怖統治後，終於爆發了激烈的反抗。這群曾經畏懼的人此刻變得無所畏懼，他們反過來對山岳黨實施了恐怖統治，以報復過去所受的壓迫。

國民公會其他人對羅伯斯比爾的恭順並非出於真心，而是源於深切的恐懼。這位獨裁者讓他們不寒而慄，儘管他們在表面上對他極盡奉承之能事，但內心卻深藏著強烈的憎恨。這一點從1794年8月11日、15日和29日的《國民公報》上各代表的報告中可見一斑，尤其是關於「羅伯斯比爾、庫頓和聖茹斯特三人組陰謀」的報告。這些報告顯示，這些曾經的追隨者對倒台的領袖十分怨恨，比奴隸對待主人的積怨還要深。

我們知道，「這些暴君長期以來一直在重啟馬略斯和蘇拉最駭人的暴政。」羅伯斯比爾被描繪成一個無比殘暴的惡魔，有人斷言：「就如同卡里古拉一般（譯註：法國劇作中的主角，以殘忍、荒謬著稱），他很快就會要求法國人民崇拜他的馬……為了鞏固權力，他對任何提出一點質疑的人都格殺勿論。」

這些報告忽略了一個關鍵事實：羅伯斯比爾的權力，與馬略斯和蘇拉不同，並非建立在強大的軍隊之上，而是仰賴國民公會

議員的一再附和。若非這些議員極度的畏懼，獨裁者的統治將不堪一擊。

羅伯斯比爾是歷史上最令人髮指的暴君之一，然而，他與眾不同之處在於，他並未倚仗武力，便建立起了一個人人畏懼的獨裁政權。

我們可以說，除了聖茹斯特之外，這位人物是雅各賓派思想最極端的代表。他的思想特徵是邏輯狹隘、信仰狂熱且不容置疑。即使到了今天，他仍然受到一些人的崇拜。歷史學家哈梅爾（Hamel）甚至稱他為「熱月政變的殉道者」。有人提議為他建造紀念碑。我支持這個想法，因為這能讓我們更清楚地看到，群眾極端盲目的程度，而議會在強勢領導人的操縱下，會表現出令人難以置信的順從。他的雕像將永遠提醒我們，在革命的狂熱氛圍中，人們是如何熱情地支持一個即將垮台的獨裁者的。

4. 富基埃‧廷維爾／馬拉特／比約‧瓦倫

我將專門用一段文字來描述一些革命者，他們以發展出極端的殘暴天性而聞名。他們的兇狠不僅來自於仇恨，還夾雜著恐懼，這使得他們的殘暴更加變本加厲。

　　革命法庭的公訴人富基埃‧廷維爾，堪稱最令人髮指的人物之一。這位曾以仁慈聞名的法官，如今卻成了令人作嘔的嗜血屠夫，他的名字至今仍讓人不寒而慄。作者在其他作品中曾以他為例，揭示了革命時期人心扭曲、人性變異的可怕景象。

　　當王室垮台時，他已經窮困潦倒，對社會的劇烈變動充滿了希望。他屬於那種在動盪不安的時代裡，總是能找到機會、甚至會主動製造混亂的人。

　　國民公會將全部權力授予了羅伯斯比爾，使他成為實際上的獨裁者。他對近兩千名被告進行了血腥的審判，其中包括瑪麗‧安托瓦內特、吉倫特派領袖等。他將所有被視為敵對勢力的人送上斷頭臺，毫不留情地清算政敵，甚至連曾經支持過他的盟友也未能倖免。

　　富基埃‧廷維爾，原本是個能力平庸的人，但革命讓他登上了高位。在正常情況下，被專業規則束縛的他，本應是成為一個安靜而默默無聞的小官。他在法庭的副手或代理人吉爾伯特‧利恩東（Gilbert-Liendon）的命運正是如此。杜雷爾（Durel）寫道：「儘管他的所作所為令人震驚，卻能順利晉升到帝國司法系統的高層。」

有組織的社會之所以能維持穩定，是因為它能有效控制那些危險分子。這些人若無社會的約束，將會危害社會。

富基埃・廷維爾在斷頭台前，仍不明白為何自己會落得如此下場。從革命的立場來看，他的死刑判決並不合理，他不過是革命機器中的一顆棋子，忠實地執行上級的指令。與那些被派往外地、無法受監督的代表不同，富基埃・廷維爾的行為受到了嚴密監控。國民公會對他的判決都表示贊同。他的殘暴和草率審判，顯然得到了上級的支持。因此，譴責富基埃・廷維爾，就是譴責國民公會的恐怖統治。當國民公會將富基埃・廷維爾送上斷頭台時，他們實際上是在譴責整個恐怖統治。因為他們明白，富凱－廷維爾的暴行只是恐怖統治體系下的必然產物。」

除了聲名狼藉的富基埃・廷維爾，杜馬這位革命法庭的主席同樣令人不寒而慄。深重的恐懼如影隨形，讓他變得異常殘暴。為了自保，他時刻攜帶雙槍，將自己囚禁在家中，甚至對自己的妻子都充滿了不信任，最終將她囚禁起來，差點釀成大禍。

在那些被國民公會揭露出來的男子之中，比約・瓦倫是其中最狂野、最殘暴的一位。他可以被視為獸性兇殘的完美典範。

在這充滿果敢憤怒和英雄式痛苦的時刻，他保持冷靜，有條

不紊地完成他可怕的任務：他以官方身份出現在阿貝修道院的大屠殺現場，向刺客表示祝賀並承諾給他們錢財；然後他就像只是去散步一樣回家了。我們看到他擔任雅各賓俱樂部主席、國民公會主席以及公共安全委員會委員；他將吉倫特派送上斷頭台，也將王后送上斷頭台，而他以前的庇護人丹敦曾這樣評價他：「比約的舌頭下藏著一把匕首」。他贊同在里昂的砲擊，在南特將人淹死，在亞眠的大屠殺；他組織了無情的奧蘭治委員會；他參與了牧月法；他對富基埃·廷維爾雞蛋裡挑骨頭；在所有死刑判決書上都有他的名字，而且往往是第一個；他在同僚面前簽字；他沒有憐憫，沒有情感，沒有熱情；說著冗長難懂的句子；為了讓自己冷漠無情的臉龐與周圍的熱情更加協調，他頭戴金黃色假髮，彷彿在「甩動他的獅子鬃毛」，這頂假髮要是戴在任何人的頭上都會讓人發笑，唯獨戴在比約·瓦倫那邪惡的腦袋上卻恰到好處。當羅伯斯比爾、聖茹斯特和庫松相繼受到威脅時，他拋棄了他們，轉而投向敵人，將他們推入刀下。為什麼？他的目的是什麼？沒有人知道；他沒有任何野心，他既不渴望權力，也不渴望金錢。

我不認為要解釋這個原因很難。我們之前提到的對血的渴

望，在某些罪犯身上非常常見，這完全可以解釋比約-瓦倫的行為。這種類型的匪徒殺人只是為了殺人，就像運動員射擊獵物一樣，純粹為了享受破壞的樂趣。在平靜的時期，擁有這種殺人傾向的人通常會因為害怕警察和死刑而克制自己。但是，當他們能夠自由地發洩這些暴力傾向時，就沒有什麼能阻止他們了。比約‧瓦倫和其他人就是這樣的例子。」

馬拉特的心理狀態要複雜得多，不僅僅是因為他的殺人慾望與其他因素（如自尊心受傷、野心、神祕信仰等）交織在一起，還因為我們必須將他視為一個半瘋狂的人，患有誇大妄想症，想法也十分僵化。

革命前，他曾對科學抱有極高的熱忱，但他的想法卻無人問津。懷抱著對地位和榮譽的渴望，他只能在一位大貴族家中擔任一個微不足道的職位。革命的到來為他打開了一扇通往未知未來的大門。心中充滿了對舊社會的不滿，因為舊社會未能認可他的才能，他便投身於最激進的革命派別，成為其中的一份子。他公開讚揚九月大屠殺，並創辦了一份報紙，在報紙上對所有人進行無情的抨擊，不斷地煽動人們進行處決。

馬拉特不斷地為人民的利益發聲，因此成為了人民的偶像。

然而，他的大多數同僚卻對他深惡痛絕。如果他逃過了夏洛特·科黛的匕首，也肯定逃不過斷頭臺的刀刃。

5. 在大革命中倖存的國民公會成員的命運

除了那些具有特殊心理特徵的國民公會成員之外，還有一些人，如巴拉斯、富歇、塔利安、希翁維爾等，他們完全沒有原則和信仰，只想中飽私囊。

他們試圖從公眾的苦難中積累巨額財富。在平時，他們會被簡單地歸類為惡棍，但在革命時期，一切關於罪惡與美德的標準似乎都消失了。

雖然少數雅各賓派成員仍舊固執己見，但大多數人在獲得財富之後，就放棄了原來的信念，轉而成為拿破崙的忠實追隨者。坎巴塞雷斯（Cambaceres）在監獄裡對路易十六稱他為「路易·卡佩特」（Louis Capet），但在帝國時期，卻要求朋友在公開場合稱他為「殿下」，在私下稱他為「大人」，這顯示了許多雅各賓派在追求平等的同時，伴隨著嫉妒的心態。

馬德林寫到：「大多數的雅各賓黨人，都變得非常富有，像夏博（Chabot）、巴齊爾（Bazire）、梅林、巴拉斯、布爾索

（Boursault）、塔利安、巴雷爾等人，都擁有城堡和莊園。原本不富有的人，也很快變得十分富有。短短的在第三年委員會中，熱月黨人就有一位未來的親王、十三位未來的伯爵、五位未來的男爵、七位未來的帝國參議員，和六位未來的國務委員，而在他們之外，從未來的奧特朗托公爵到未來的雷格諾（Regnault）伯爵之間，至少有五十位民主黨人在十五年後擁有了頭銜、紋章、羽飾、馬車、捐贈、繼承遺產、酒店和城堡。富歇死後身價達六十萬英鎊。

舊制度的特權曾遭到如此強烈的抨擊，但很快就為了資產階級的利益而重新建立起來。為了達到這個結果，必須要毀滅法國、焚燒整個省份、使苦難倍增、使無數家庭陷入絕望、顛覆歐洲，並在戰場上摧毀數十萬的人。

本章最後，我們來回顧一下對這個時代人物的評價

雖然道德家必須嚴格評判某些人，因為他們要維護社會的秩序，但心理學家卻不同。心理學家的目標是理解，而非評判。當一個人被完全理解後，批評的聲音就會消失。

人的思想是一種非常脆弱的機制，在歷史舞台上翩翩起舞的提線木偶，很少能夠抵抗推動它們的強大力量。遺傳、環境和條

件是不可抗拒的主宰。沒有人可以肯定地說，如果自己處於對方的位置，一定不會做出相同的行為。

第三篇
傳統影響與革命原則之間的衝突

第一章

督政府：無政府狀態的最後掙扎

1. 督政府的心理

由於各個革命議會的部分成員重疊，人們可能會認為他們的心理特徵非常相似。

在普通時期，這樣的情況確實會發生，因為穩定的環境意味

著性格的穩定。但是，當環境像在大革命期間那樣迅速變化時，性格就必須隨之改變以適應環境。督政府就是這樣的情況。

督政府由幾個不同的議會組成：兩個大議院，由不同類別的代表組成，以及另一個很小的議院，由五名董事組成。

這兩個較大的議會，因其軟弱無力，讓人烈地聯想到國民公會。雖然它們不再被迫服從民眾暴動，因為這些暴動都已被督政府嚴格地制止了，然而它們卻毫無異議地屈服於督政府的專制命令。

第一批當選的議員大多是溫和派。每個人都對雅各賓派的暴政感到厭倦。新議會期望能重建法國，建立一個沒有暴力的自由政府。

然而，正如大革命中的某些致命事件所展示的，這些事件的進程往往超越了人的意志，這些代表們像他們的前任一樣，總是說一套，做一套。他們希望保持溫和，卻變得暴力；他們想要消除雅各賓派的影響，自己被牽著鼻子走；他們試圖修復國家的廢墟，卻增加了更多廢墟；他們渴望宗教和平，最終比恐怖時期更加嚴厲地迫害、屠殺神職人員。

由五位督政府成員組成的小型委員會，其心理狀態與眾議院

的議員大相逕庭。委員會成員每天都得面對實際的困難，不得不去解決問題；而眾議院的議員們，則與現實脫節，只會空想。

督政府成員普遍想法非常簡單。他們對原則漠不關心，最希望的是繼續成為法國的主人。為了達到這個目的，他們不惜採取最不正當的手段，甚至在這些選舉對他們不利時，取消許多省份的選舉權。

他們自覺無力重整法國，於是任其自生自滅。專制的統治使他們能夠控制法國，但他們從未真正治理法國。而在這個關鍵時刻，法國最需要的正是治理。

國民公會留下了強勢政府的名聲，而督政府則留下了弱勢政府的印象。但事實恰恰相反：督政府才是強勢政府。

從心理學的角度來看，我們可以很容易地解釋督政府與前幾屆議會政府之間的差異。回顧一下，六七百人的集會很容易受到傳染性熱情的影響，例如八月四日晚上的事件，或甚至是充滿活力意志力的衝動，例如對抗歐洲國王的衝動。但這些衝動太短暫，沒有太大的力量。一個由五名成員組成的委員會，很容易被一個人的意志所支配，更容易堅持既定的行為路線。

事實證明，督政府始終無法治理國家，但它從不缺乏堅強

的意志。沒有任何東西能約束它，既不尊重法律，也不為公民著想，更不熱愛公共福利，它能把比大革命開始以來任何政府（包括恐怖統治）都更加殘酷的專制統制強加給法國。

雖然督政府採用了與國民公會相似的方法，以最專制的方式來統治法國，但是，就和國民公會一樣，督政府從未真正掌控過法國。

我先前已經提過這個事實，而且再次證明物質力量無法完全壓制道德力量。人類的行為受到祖先傳承下來的道德規範的深刻影響。

我們已經習慣生活在有組織的社會中，受到法典和傳統的支撐，很難想象沒有這樣基礎的國家會是什麼樣子。一般來說，我們只看到環境中令人討厭的一面，很容易忘記社會只有在施加一定的限制下才能存在，法律、禮貌和習俗對野蠻的自然本能是一種制約，這種本能永遠不會完全消失。

國民公會和其後督政府的的歷史清楚地顯示，一個失去其古老結構，僅以不足夠理性的人為組合，所指導的國家，其秩序可能會被擾亂到什麼程度。

2. 督政府的專制統治：恐怖統治再現

為了轉移注意力、讓軍隊有事可做，以及掠奪鄰國獲得資源，督政府決定恢復國民公會時期的對外征戰。

這些戰爭在督政府存續期間持續進行。軍隊獲得了豐富的戰利品，尤其是在義大利。

有些被侵略的居民過於天真，以為這些入侵行動是為了他們自身的利益而進行的。然而沒過多久他們就會發現，所有的軍事行動都伴隨著沉重的賦稅和對教堂、公共金庫的掠奪。

這種征服政策的最終結果是形成了新的反法聯盟，該聯盟持續到 1801 年。

督政府對國家的狀況漠不關心，也沒有能力重組國家，他們主要關注的是一連串無休止的陰謀作鬥爭，以維持權力。

這項任務足夠佔據他們的閒暇時間，因為各政黨並沒有解除武裝。無政府狀態已經發展到如此的地步，所有人都呼喚一個強有力的手來恢復秩序。包括督政府在內，所有人都感到共和體制不能再維持多久了。

有些人夢想著重新建立君主制，另一些人希望恢復恐怖統

治，還有一些人等待著一位將軍。只有那些購買國有財產的人擔心政府的變動。

督政府的名聲日益衰落，1797 年 5 月，當議會第三期會議必須改選時，大多數當選者都反對這一制度。

督政府並沒有因為這樣的小事而感到尷尬。他們宣布四十九個省的選舉無效；一百五十四名新議員被宣布無效和開除，五十三人被判處驅逐出境。這些新議員中不乏大革命時期最傑出的人物，像是波塔裡斯（Portalis）、卡諾、特隆森·杜·庫德雷（Tronson du Coudray）等人。

為了恐嚇選民，軍事委員會任意判處 一百六十人死刑，並將三百三十人送往法屬圭亞那，其中半數人喪生。那些已經返回法國的移民和神職人員也遭到了暴力驅逐。這場血腥的政變就是著名的「果月政變」。

這場政變主要打擊了溫和派，但這並非特例。緊接著，另一場政變迅速爆發。督政府發現雅各賓派代表人數太多，於是取消了其中六十名議員的選舉。

上述事實顯示了督政府的暴虐性格，但在其措施的細節中，這顯得更加明顯。法國的新主人也證明了他們與恐怖時期最兇猛

的議員一樣嗜血。

斷頭台沒有永久性恢復使用，但取而代之的是，他們將受害者塞進船上的鐵籠子裡，送往羅什福爾，暴露在嚴酷的天氣條件下，流放到惡劣的環境，在那裡他們幾乎沒有生存的機會。

泰納描述：「在德卡達號（Decade）和巴約納號（Bayonnaise）之間的甲板上，可憐的囚犯飽受著缺氧、酷熱、欺凌和剝削之苦。許多人在航程中因飢餓或窒息而死。抵達圭亞那後，死亡人數更是急劇增加：德卡達號上原先有一百九十三名囚犯，二十二個月後僅剩三十九人；巴約納號上原先有一百二十人，最後只剩一人倖存。」

督政府官員意識到天主教有復興的跡象，更懷疑神職人員正在密謀對抗他們，因此在一年內將一千四百四十八名神職人員驅逐出境或送往監獄，更別提那些被立即處決的大量神職人員。恐怖統治實際上已經完全重新建立。

督政府的專制暴政滲透到行政部門的各個分支，尤其是在財政方面。由於急需六億法郎，督政府迫使一向順從的議員通過了一項累進稅，但只帶來了1200萬法郎的收入。面臨同樣的困境，督政府又頒布了一項強制貸款的命令，要求借款一億法郎。這導

致工廠倒閉，商業停滯，僕人失業。最終，督政府僅能以完全破產的代價籌集到四千萬法郎。

為確保在各省的統治權，督政府通過了一項所謂的人質法，根據這項法律，每個市鎮都有一份對所有罪行負責的人質名單。

不難理解這種制度會激起怎樣的仇恨。1799年底，十四個省發生了起義，四十六個省準備起義。如果督政府持續下去，社會就會徹底解散。

就此而言，這次解體已經遠遠提早。財政、行政，一切都崩潰了。由於貶值的指定票據已經跌到原始價值的百分之一，財政部的收入微不足道。持有政府股票的人和官員再也無法獲得付款。

此時的法國給其他各國的印象，是一個飽受戰爭蹂躪、被居民遺棄的國家。斷裂的橋梁和堤壩、以及被毀壞的建築物，所有的交通都無法進行。長期荒廢的道路上，到處都是盜賊橫行。

某些部門只能以購買這些團體領導人的通行證為代價來通過。工業和商業都被摧毀。在里昂，一萬五千家工坊和工廠中有一萬三千萬家被迫關閉。里爾（Lille）、阿弗爾（Havre）、波爾多（Bordeaux）、里昂、馬賽等城市如同死城，大家看到的只有貧困和飢荒。

　　道德的崩潰同樣可怕。奢侈和對享樂的渴望、昂貴的晚宴、珠寶和奢華的家居是新社會的特徵，這個新社會完全由股票經紀人、軍隊承包商和靠掠奪致富的可疑金融家所組成。巴黎表面上呈現出的奢華和歡樂掩蓋了平民百姓的苦難，導致許多歷史學家誤以為那是個非常繁榮的時代。

　　根據史書記載的督政府年代，有助於我們了解歷史的織錦由何種元素交織而成。舞台劇最近也開始聚焦督政府時期，當時的服裝風潮至今仍為人所模仿。人們記憶中，它是恐怖統治後的重生時期，理應充滿歡樂，然而，實際上督政府時期的戲劇性，與恐怖統治相差無幾，同樣血腥殘暴。最終，督政府激起大眾強烈的反感，以至於執政官員意識到這種局面難以為繼，於是開始尋找一位能夠取代督政府，同時也能保護他們的獨裁者。

3. 拿破崙的出現

　　我們已經看到，在督政府時期尾聲，社會上無政府狀態以及混亂程度已經到了極致，大眾真心希望能出現重建法國秩序之人。早在1795年，一些代表就曾一度考慮重新恢復君主制。路易十八曾無禮地宣布全面恢復舊制度，將所有財產歸還原主，並懲

罰革命者，但他立即被推翻了。毫無意義的基伯龍遠征最終使未來君主的支持者徹底失望。在革命期間，保皇黨展現出無能和狹隘的心態，為革命派採取的各種鎮壓措施提供了正當理由。

由於君主制已成過去式，法國急需一位強勢領袖。此時，拿破崙憑藉在義大利戰場上的卓越表現，成為眾人矚目的焦點。他率軍越過阿爾卑斯山，連戰連捷，佔領了米蘭和威尼斯等重要城市，並獲得了豐厚的戰利品。拿破崙的聲勢如日中天，勢如破竹地逼近維也納，迫使奧地利皇帝不得不求和。

然而，這位年輕的將軍雖然聲名顯赫，卻認為這還不足夠。為了提高聲望，他說服了督政府，藉由入侵埃及來動搖英國的力量，1798 年 5 月，他在土倫登上了軍艦。

他很清楚提升個人聲望的重要性，這點在他流放聖赫勒拿島時寫的回憶錄裡有詳細的說明：

「那些最有影響力和見識的將軍，早就一再敦促拿破崙採取行動，讓自己成為共和國的領袖。但他拒絕了；他還不夠強大，無法獨自前行。他對治國之術和對一個偉大國家所須之事的見解，與革命及議會的領袖如此不同，

以至於他無法單獨行動，擔心會損害自己的形象。他決

定暫時遠赴埃及，待時機成熟再返回法國。」

拿破崙在埃及逗留的時間不長。他的朋友召回他後，他在弗

雷瑞斯（Frejus）登陸，宣布他回國的消息引起熱議。這場政變是

由兩位督政府成員和主要部長精心策劃的，得到了法國政府內部

的廣泛支持。整個陰謀在短短三週內就籌備完成，並於霧月十八

日輕而易舉地成功執行。

所有人對擺脫長期壓迫和剝削國家的邪惡幫派感到極大的喜

悅。毫無疑問，法國即將進入一個專制的政府體系，但它不可能

像多年來所忍受的那樣令人難以容忍。

霧月政變的歷史，證明了我們之前所說的一切：無論有多少

證人看似充分理解並證實的事件，我們都無法形成準確的判斷。

我們知道30年前人們對霧月政變的看法。它被認為是一個人

憑藉著軍隊支持所犯下的野心犯罪。事實上，軍隊在這個事件中

並沒有任何作用。那些驅逐少數頑固議員的人馬，甚至都不是士

兵，而是國民議會自己的憲兵。政變的真正策劃者是政府本身，

並得到了全法國的默許。

4. 革命持續的原因

如果我們將革命時間與實現某些基本原則，如法律之前的平等、自由進入公共職能、人民主權、支出控制等的時間畫上等號，我們可以說它僅持續了幾個月。1789年中期，這一切都已經完成，在隨後的幾年中，沒有再增加任何內容，但革命持續的時間卻更長。

根據官方歷史學家所承認的日期，我們可以看到，這種狀況一直持續到拿破崙登基，大約有十年之久。

為什麼在建立新原則之後會出現這段無組織和暴力的時期？我們不需要在對外戰爭中尋找原因，因為這場戰爭原本在好幾次場合下可以因盟軍的分裂和法國的連續勝利而終結；同樣地，我們也不必在法國人民對革命政府的同情中尋找原因。歷來沒有哪個政權比國民議會更加受到人民的憎恨和鄙視。透過反抗以及反覆投票，國家的大部份人民都展現出他們對該制度的厭惡。

長期以來，人們對法國人對革命政權的態度存在著誤解。然而，最近的歷史研究表明，法國人對革命政權的厭惡遠比我們想像的要深。最新出版的《革命史》一書的作者馬德蘭先生，對這

一觀點給出了強有力的支持，他認為：

「早在1793年，一個規模不算大的黨派就劫持了法國、
革命，和共和國。如今，法國四分之三的人渴望革命
受到遏制，或者更確切地說，渴望從令人憎惡的剝削者
手中解脫；但這些人卻通過各種手段控制著這個不幸的
國家。為了鞏固自己的統治地位，他們必須倚賴恐怖統
治。因此，只要有人被懷疑反對恐怖統治，無論他們過
去對革命有多忠誠，都會成為打擊的對象。」

直到督政府結束，政府都由雅各賓派人士掌握，他們只想保
留最高權力，以及他們透過謀殺和掠奪所累積的財富，並準備將
法國交給任何能保證他們擁有這些的人。他們之所以與拿破崙談
判發動霧月政變，只是因為他們自己對路易十八的期望未能實現。

但該如何解釋一個如此專制，且不光彩的政府能夠存活這麼
多年的事實呢？

原因不僅僅在於革命的信仰仍然殘存於人們的思想中，也不
僅僅在於它透過迫害和血腥手段強加於人，最主要的原因，正如

我之前已經提到的，是因為很大一部分民眾對於維持它有著巨大的利益。

這一點至關重要。如果革命仍然是一種理論上的宗教，那麼它很可能會曇花一現。但是，剛剛奠基的信仰卻很快地從純粹理論的領域中走了出來。

革命不僅剝奪了君主制、貴族和神職人員的統治權。在把舊特權階層的財富和工作交到資產階級和大批農民手中的同時，革命也把他們變成了革命制度的頑固支持者。法國大革命後，許多人通過低價購得貴族和教會的資產，從而改變了自己的社會地位。然而，他們深怕君主制復辟，導致這些財產被重新奪回，因此對政治局勢的變化感到極度不安。

正是由於這些原因，一個在任何正常時期都絕不會被容忍的政府，才得以持續存在。該政府承諾維護革命的道德成果，也維護物質上的成果。拿破崙意識到了這些擔憂，並迅速的獲得這些人的支持。那些仍然具有爭議的物質征服和仍然脆弱的理論原則，被他納入了機構和法律中。因此，有人說革命在他登台後就結束了，這種說法並不準確。相反，他更像是革命的繼承者，將革命推向了新的階段。

第二章

秩序恢復——共和國

1. 執政府如何確認革命工作

執政府的歷史在心理素材上與前一個時期一樣豐富。首先，它向我們展示了一個強大個體的優越性，勝過集體的努力。拿破崙立即取代了共和國在過去十年中所經歷的血腥無政府狀態，帶來了一個有秩序的時期。四個革命議會在最暴力的壓迫下都未能實現的目標，一個人卻在很短的時間內完成了。

他的權威立即制止了所有巴黎的起義和對君主制抵抗的嘗試，重新建立了被激烈仇恨深深分裂的法國的道德統一。拿破崙以一個完美組織的個人專制，取代了一個無組織的集體專制。每個人都因此受益，因為他的暴政遠比十年來所承受的暴政輕得多。而且，我們必須假設，這種暴政對大多數人來說並不令人反感，因為它很快就被大家以極大的熱情接受了。

今天，我們比以往的歷史學家更清楚，拿破崙特並不是推翻了共和國。相反的，他保留了所有能被保留的部份，而且如果沒有他，這些內容永遠不會被保留下來。他透過在機構和法典中建立革命的所有可行項目，像是廢除特權，法律面前的平等等等。此外，執政府繼續自稱為共和國。

假如沒有執政府，恢復君主制的可能性是無限大的，它會終結督政府，並抹去大部份的革命成果。讓我們假設拿破崙從歷史中被抹去。我認為，沒有人會想像督政府能在人們普遍的厭倦中存活下來。它肯定會被每天爆發的保皇黨陰謀推翻，路易十八很可能會登上王位。他確實在十六年後登上了寶座，但在此期間，拿破崙透過將革命原則體現在法律和習俗中，給予了其強大的力量，以至於恢復統治的君主不敢觸碰它們，也不敢恢復返回的流亡者的財產。

如果路易十八直接繼承執政府的政權，情況將會大不相同。他將會帶來舊制度的全部專制主義，並且需要新的革命來廢除它。我們知道，光是一次嘗試回到過去就推翻了查理十世。

抱怨拿破崙的暴政未免有些天真。在舊制度下，法國人承受各種形式的暴政，而共和國所建立的專制制度甚至比君主制更為

嚴重。當時的專制主義是一種常態，除非伴隨著混亂，否則不會引起任何抗議。

群眾心理的一個恆定法則顯示他們創造了無政府狀態，然後尋找能讓他們擺脫這種狀態的主人。拿破崙就是這樣的主人。

2. 執政府重組法國

當拿破崙掌權後，他承擔了一項艱鉅的任務。一切都成了廢墟，一切都需要重建。在霧月政變隔日，他幾乎獨自起草了一部憲法，這部憲法將賦予他絕對的權力，使他能夠重新組織國家，並戰勝各派系。憲法在一個月內就完成了。

這部憲法被稱為第八年憲法，中間曾歷經修改，就一直維持到他的統治結束。行政權由三名執政官掌握，其中兩名僅具有諮詢職能。因此，第一執政拿破崙成為法國的唯一統治者。他任命了部長、國務顧問、大使、法官和其他官員，並決定和平或戰爭的狀態。他還掌握立法權，因為只有他能夠起草法律，然後提交給三個議會：國務院、元老院和立法機構。第四個議會為參議院，則有效地作為憲法守護者。

儘管拿破崙日益專制，但他仍然習慣在採取任何行動之前，

徵求其他執政的意見，即使是最微不足道的措施。立法議會在他
統治期間並沒有發揮太多影響力，但他沒有簽署任何法令，沒有
先與國家委員會討論。這個委員會由法國最聰明和最有學識的人
組成，負責起草法律，然後提交給立法議會，立法議會可以非常
自由地批評這些法律，因為投票是祕密的。在拿破崙的主持下，
國家委員會成為一種主權法庭，甚至審判部長的行為。[1]

　　新任主人對國務院充滿信心，因為它是由傑出的法學家組
成，每個人都精通自己的專業領域。 拿破崙深諳人心，他對那些
由平民組成的大型議會深懷戒心，因為他從法國大革命的動盪中
深刻體會到，這些議會往往效率低下，甚至會帶來災難性的後果。

　　拿破崙希望為人民治理國家，但從未得到過人民的協助，因
此他沒有讓人民參與政府，只保留了對新憲法的投票權。他只是

1　拿破崙雖然常常會否決國務院的決定，但也不是每次都這樣。根據《聖赫勒拿回憶
　　錄》的記載，有一次，他是唯一一個堅持自己想法的人，最後還是聽從了大多數人的
　　意見。他表示：「各位，這裡的事情由多數人決定，我一個人必須讓步。但我心裡還
　　是不認同，只是表面上同意而已。你們讓我閉嘴了，但並沒有說服我。」另一天，拿
　　破崙在表達他的觀點時被打斷三次，他對打斷他的人說：「先生，我還沒有說完；我
　　請求你讓我繼續。畢竟，我認為每個人在這裡都有權利表達自己的觀點。」與普遍看
　　法相反，皇帝絕非專制，他對國務院極為寬容。他經常重新討論或甚至撤銷一項決
　　議，就因為國務院的一位成員私下給了他新的理由，或指出皇帝的個人意見影響了大
　　多數人的決定。

在極少數情況下才採用普選制。立法團的成員是自己招募的，並非由人民選舉產生。

在創建一部僅用於鞏固自身權力的憲法時，第一執政官並未幻想它將用於恢復國家秩序。因此，當他在起草憲法的同時，他也著手進行法國的行政、司法和財政重組這類的巨大任務。各種權力都集中在巴黎。每個省份都由一位總督指導、由一位總領事協助；每個行政區由一位副總督指導、由一個議會協助；每個公社由一位市長指導、由一個市政議會協助。

所有人都是由部長任命的，而不是像在共和國時期那樣由選舉產生的。這一制度建立了無所不能的國家和強大的中央集權，被後來的歷屆政府所保留，並沿用至今。在一個內部嚴重分裂的國家，中央集權是避免地方暴政的唯一手段，儘管它有種種弊端，但卻一直被保留了下來。

由於拿破崙政府建立了人民需要的組織章程，法國因此恢復了長期未見的寧靜和秩序。

為了安撫先前受傷的靈魂，政治流亡者被召回，教堂重新歸還給信徒。

在重建公共建設的同時，拿破崙還忙於起草一部法典，其中

大部分是從舊制度中借鑑的習俗。如前所述，這是舊法與新法之間的一種過渡或妥協。

考慮到第一執政在如此短的時間內完成的巨大任務，我們意識到，他首先需要的是一部賦予他絕對權力的憲法。如果他恢復法國的所有措施都提交給律師的集會，他就永遠無法將國家從陷入的混亂中解救出來。

第八年憲法明顯將共和國轉變成了一個至少與路易十四的「君權神授」王朝同樣專制的君主制。作為唯一適應當時需求的憲法，它代表了一種心理層面的必要性。

3. 決定執政府成功與否的心理因素

所有作用於人類的外部力量，包括經濟、歷史、地理等因素，最終都可以轉化為心理力量。統治者想要治理人民，就必須理解這些心理力量。革命議會對此完全一無所知，而拿破崙則懂得如何運用它們。

各種議會，尤其是國民公會，都由相互衝突的黨派組成。拿破崙明白，要想控制他們，他就得抱持中立，不能偏向任何黨派。他非常清楚一個國家的價值，分散在各黨派的優秀智囊中，

因此他試圖利用所有人。他任命的政府官員，像是部長、牧師、法官等等，不分自由派、保皇派、雅各賓等派系，皆唯才是用。

拿破崙雖然接受了舊制度下一些人的援助，但他還是小心翼翼地讓人們明白，他打算維持大革命的基本原則。儘管如此，許多保皇黨人還是支持新政府。

從心理學的角度來看，執政府最顯著的成就就是恢復了宗教和平。法國因宗教分歧造成的分裂遠超過政治差異。雖然武裝力量幾乎徹底摧毀了旺代的一部份，武力鬥爭結束了，但人們的心靈卻沒有得到安撫。既然只有教宗一人，而且他還是基督宗教的領袖，能夠協助實現和平，拿破崙毫不猶豫地與他進行談判。他所簽署的教務協議，是真正的心理學家所為。他深知道德力量不會使用暴力，許多的迫害反而會帶來巨大的危險。在安撫教士的同時，他也巧妙地將他們置於自己的控制之下。主教將由國家任命，並支付薪酬，這樣他仍然會是主人。

現代雅各賓派無法理解拿破崙的宗教政策。他們被狹隘的狂熱蒙蔽了雙眼，不明白將教會與政府分離，就是在國家內部創造了一個國家，因此他們這個內部國家也在對抗自己。給予敵人自由是非常危險的。拿破崙，或者在他之前的任何君主，都不會同

意讓神職人員獨立於國家，就像他們今天一樣。

首席執政官拿破崙所面臨的困難，遠遠大於他加冕後所要克服的。只有對人的深入了解才能戰勝困難。未來的主人還未成為真正的主人。許多部門仍處於叛亂之中。盜匪活動仍在**繼續**，南部地區仍舊被各方派系的鬥爭所蹂躪。作為執政官，拿破崙不得不與塔列朗（Talleyrand）、富歇以及一些自認為與他平起平坐的將軍打交道、和解。甚至他的兄弟也在密謀反對他。作為皇帝，拿破崙無須面對任何敵對黨派，但作為執政官，他必須與所有黨派鬥爭，並在他們之間保持平衡。這的確是一項艱巨的任務，因為在過去的一個世紀，很少有政府能夠成功地完成這項任務

要想成功完成這項任務，就必須將細膩、堅定和外交技巧巧妙地結合起來。執政官拿破崙覺得自己的權力還不夠大，於是他制定了一個規則，根據他自己的說法，就是「按照大多數人希望被管理的方式來管理他們。」作為皇帝，他經常按照自己的理想來管理人民。

我們已經過了很長一段時間，不再像過去那些歷史學家那樣，帶著盲目的偏見，或者像那些才華橫溢卻缺乏心理學素養的大詩人一樣，對霧月政變大加撻伐。「法國在梅西多爾的陽光下

一片美好」這樣的說法，背後隱藏著多麼深刻的幻覺！維克多・雨果對這段時期的評價，同樣建立在如此不切實際的幻想之上。我們已經看到，不僅政府，而且整個法國都熱情擁護了霧月政變，這場政變將法國從無政府狀態中解救出來。

人們可能會好奇，為何聰明的人會如此誤判一段歷史，儘管這段歷史非常清晰。毫無疑問，這是因為他們透過自身的信念來看待事件，我們都知道，當一個人被自己的信念所束縛時，真理會發生多麼大的扭曲。最明顯的事實都被蒙上一層陰影，歷史的真相不過是他夢中的幻影。

要想理解我們剛剛簡略描繪的那個歷史時期，心理學家必須保持中立，不被任何黨派的激情所左右。他絕不會去責怪一個由那麼多迫切需求所決定的過去。當然，拿破崙給法國帶來了巨大的損失：他的傳奇以兩次入侵而告終，而且還有一次入侵即將到來，直到今天我們仍然能感受到它的後果。甚至在他死後，他所留下的威望還讓他的繼承人登上了王位。

所有事件的起源上都是息息相關。它們代表著人類進步過程中所要付出的代價，也就是一種理想的轉變。一個人想要徹底擺脫祖先的影響，勢必會對自己的歷史產生深遠的影響。

第三章

十八世紀傳統與革命原則角力的政治後果

1. 法國持續發生革命運動的心理原因

在接下來的章節中，我們將考察革命思想在上個世紀的演變過程，我們會看到在超過五十年的時間裡，它們在社會的各個階層中非常緩慢地傳播。

在整個時期，絕大多數人民和資產階級都拒絕接受革命，只有極少數使徒傳播了它們。但主要由於政府的失誤，它們的影響力引發數次革命。當我們研究了這些革命產生的心理影響之後，再簡要地檢視這些革命。

過去一個世紀的政治動盪歷史足以證明，即使我們尚未意識到這一事實，人們受其心態的影響，遠遠超過統治者試圖強加給他們的制度。

　　法國所經歷的連續革命，是有兩種不同心態的人民之間鬥爭所引發的結果。一部份人民是宗教和君主制的支持者，並受到長期祖先影響的支配；另一部份人民也受到相同的影響，但他們將這些影響表現為革命形式。

　　革命一開始，思想觀念的對立鬥爭就已明顯顯現出來。我們已經看到，儘管可怕的鎮壓持續不斷，暴動和陰謀卻一直持續到督政府結束。這些暴動和陰謀證明，過去的傳統已經在人民的靈魂深處扎根。曾經在同一時間，有六十個省發生了反對新政府的起義，只有通過大規模的屢次屠殺才被壓制下來。

　　在拿破崙需要解決的諸多難題之中，最棘手的莫過於在舊制度與新理想之間尋求某種妥協。他必須找出適合分裂成兩種意識形態的法國體制。正如我們所看到的，他透過和解的方式，以及用新的名稱來包裝非常古老的事物，取得了成功。

　　他的統治時期是法國歷史上罕見的時期之一，法國的精神統一在此時達到了完整。

　　這種團結無法延續到他去世之後。在他倒台的第二天，所有舊政黨都再次浮現　，並且延續至今。其中一些依附於傳統勢力；另一些則激烈地拒斥它們。

如果這場長久的衝突只是信仰者與無信仰者之間的對抗，那它就不會持續這麼久，因為無信仰者通常是寬容的。但實際上，這場爭鬥是兩種不同信仰之間的衝突。世俗教會很快地帶上了宗教色彩，它所宣稱的理性主義，尤其是在最近幾年，已經變成了一種狹隘教會精神。現在，我們已經證明，不同的宗教信仰之間是不可能和解的。因此，當教會人士掌權時，他們對待自由思想者的態度，不會比自由思想者今天對待教會人士的態度更寬容。這些由信仰差異決定的分歧，又因這些信仰衍生出的政治觀念而變得更加複雜。

許多思想簡單的人們長久以來一直認為，法國的真實歷史始於共和國的第一年。這種觀念漸漸在消失。甚至是最頑固的革命者[1]也開始認同，過去並不是一個被低級迷信所支配的黑暗野蠻時代，而是有著更豐富的內涵。

在法國，大部份政治信仰的宗教起源，激發了其信徒無法磨滅的仇恨，這種仇恨總是讓歐洲各國感到驚訝。

1　我們可以透過儒勒（Jaures）在眾議院演講的以下一段話，來判斷最近的思想演變：
「今天的偉大是建立在過去幾個世紀的努力之上。法國不存在於某一天，也不存在於某一時代，而是存在於所有的日子、所有時期、所有黃昏和所有黎明。」

美國作家巴雷特・溫德爾在與法國相關的著作中寫道：「這一點再清楚不過了：法國的保皇派、革命派和波拿派不僅一直勢不兩立，而且由於法國人熱情如火的天性，他們之間還存在著深重的思想對立。認為自己掌握了真理的人，往往無法容忍與自己持不同觀點的人，認為他們是錯誤的幫凶。每一方都會嚴肅地告訴你，對方的支持者要麼是愚蠢到極點，要麼是故意不誠實。當你遇見後者，他們會說出與批評者完全相同的話，但你不得不誠心地承認，他們既不愚蠢也不是不誠實。」

在法國，各黨派信徒之間的敵視、互罵，一直以來都是政府和部長垮台的原因。少數黨派永遠不會拒絕與其他少數黨派聯合起來對抗勝利的政黨。我們知道，許多革命社會主義者之所以能夠當選進入目前的議會，只是因為得到了君主主義者的幫助，而這些君主主義者現在仍然和革命時期一樣愚蠢。

我們的宗教和政治差異並不是法國唯一的分歧原因。這些差異是由擁有我已經描述過的「革命心態」的人所持有。我們已經看到，每個時期總是出現一定數量的人，準備反抗既定的秩序，無論那秩序是什麼，即使它可能實現了他們所有的願望。

由於革命時期普遍認為社會可以透過法律重塑，因此造成了

各黨派之間的敵視,以及對權力的渴望。在當代國家,無論領導人是誰,在廣大民眾及其領袖的眼中,一樣具有古代君王的神祕力量,當時人們將這些君王視為神聖意志的化身。這種對政府力量的信心,不僅人民受到鼓舞,我們所有的立法者也懷有同樣的信念。[2]

政治人物總是在立法,但他們卻永遠不會意識到:制度是結果,而非原因,本身並無價值。他們繼承了偉大的革命幻想,卻不知道人是由過去所創造的,而我們卻無力重塑過去的基礎。

法國內部的深層分歧已經延續了一個多世紀,未來很可能還會持續下去,無人能預測這場爭端將帶來怎樣的風暴。如果雅典人在歷史的長河中能夠預見他們的內鬥會導致整個希臘淪為奴隸,他們或許會選擇放棄爭端。然而,誰能預知未來呢?正如吉羅(Guiraud)所言:「一代人很少能意識到自己的行動將帶來怎樣的後果。他們以為自己是在為未來鋪路,卻往往事與願違。」

2　在我發表了一篇關於立法幻覺的文章後,我收到了一位最傑出的政治家之一,參議員布德諾(Boudenot)的來信,我從中摘錄了以下一段話:「在眾議院和參議院工作的20年,讓我明白了你說得多麼正確。我曾多次聽到我的同事說:『政府應該阻止這個,命令那個』等等。我們的血液裡流淌著14個世紀的君主制傳統。」

2. 法國百年革命運動概述

在解釋了法國在上個世紀所經歷的革命運動的心理原因之後，現在概略介紹一下這些接連不斷的革命。

聯盟的君主打敗了拿破崙，將法國縮減到了以前的範圍，並將唯一可能的君主路易十八推上了王位。

根據一份特別憲章，新國王接受了代議制君主立憲制的地位。他承認大革命的所有成果：民法典、法律面前人人平等、信仰自由、國家財產買賣不可撤銷等等。不過，選舉權僅限於繳納一定數量稅款的人。

這部自由憲法遭到了極端保皇派的反對。他們是移居國外的歸國僑民，希望歸還國家財產，恢復他們的古老特權。

由於擔心會引發新的革命，路易十八不得不解散議院。由於選舉產生了溫和派議員，他得以繼續以同樣的原則進行統治，因為他非常清楚，任何試圖以舊政體統治法國人的企圖，都足以激起全面叛亂。

不幸的是，在他1824年去世後，之前的阿爾托瓦（Comte d'Artois）查理十世登上了王位。他極其狹隘，無法理解周圍的新

世界，並自詡自1789年以來從未修改過自己的思想，他制定了一系列反動法律，其中包括一項支付給流亡者四十萬英鎊賠償金的法律、一項褻瀆神明罪的法律，以及確立長子繼承權、加強僧侶勢力的法律等等。

由於大多數議員越來越反對他的計畫，他在1830年頒布法令，解散議會、壓制新聞自由和準備恢復舊制度的法令。

這一獨裁行動，激起了各黨派領袖的聯合。共和黨人、拿破崙主義擁護者、自由黨人、保皇黨人等，都聯合起來，煽動巴黎民眾。法令公布四天後，起義軍就控制了首都，查理十世則逃往英國。

運動的領導者，像是梯也爾、卡西米爾‧佩裡埃（Casimir Perier）、拉法耶特等人，在巴黎召見了路易‧菲利普，並宣布他為法國國王。

在人民的冷漠和貴族對正統王朝的堅定支持下，新王深感孤立無援。為此，他轉而尋求資產階級的支持。一項選舉法將選舉人數降低至不到二十萬，使得資產階級成為了政府中的主導力量。

國王處境艱難，一方面要面對主張亨利五世（查理十世之孫）為正統繼承人的合法主義者，另一方面又要應對以路易‧拿破崙

（拿破崙之姪）為首的拿破崙黨人的挑戰，同時還得防備共和黨勢力的崛起。

1830年至1840年間，後者通過祕密社團（類似於大革命時期的俱樂部），在不同時期多次挑起騷亂，但都被輕易鎮壓下來。

教士和正統派方面也沒有停止他們的陰謀。亨利五世的母親貝利公爵夫人（Duchess de Berry）試圖振興旺代，但卻徒勞無功。至於神職人員，他們的要求最終令人忍無可忍，於是爆發了叛亂，巴黎大主教的宮殿被洗劫一空。

共和黨人作為一個政黨並不十分危險，因為議院在反對共和黨人的鬥爭中站在國王這邊。大臣基佐主張建立強大的中央集權，他宣稱政府有兩樣東西不可或缺，那就是「理性和大炮」。這位著名的政治家肯定對理性的必要性或有效性，顯然有些誤解。

儘管中央權力如此強大（實際上它並非如此強大），共和派人士，尤其是社會主義者仍然持續鼓動革命。其中最有影響力的一位，是路易·布朗（Louis Blanc），他宣稱政府的職責是為每一位公民提供工作。天主教黨在拉科爾戴爾（Lacordaire）和蒙塔朗貝爾（Montalembert）的領導下，與社會黨聯合起來反對政府，就像今天在比利時一樣。

　　1848年，一場支持選舉改革的運動在一場新的暴亂中結束，這場暴亂竟然推翻了路易·菲利普的統治。

　　他的倒台遠沒有查理十世那麼合理，他幾乎沒有什麼可以被指責的。無疑地，他對普選權心存疑慮，但法國大革命也不止一次地對普選權心存疑慮。路易·菲利普不像執政府那樣是絕對的統治者，也沒有像執政府那樣取消不利的選舉。

　　臨時政府在市政廳成立，取代了已沒落的君主政體。它宣布成立共和國，確立了普選權，並下令人民著手選舉由九百名議員組成的國民議會。

　　從存在的第一天起，新政府就發現自己成了被社會主義操控和暴動的受害者。

　　第一次大革命期間觀察到的心理現象，現在再度出現了。俱樂部紛紛成立，領袖不時煽動民眾反對議會，理由往往非常荒謬，例如強迫政府支持波蘭叛亂等等。

　　為了滿足日益吵鬧和苛刻的社會主義者，議會組織了國家工坊，工人在工坊中從事各種形式的勞動。在這些工坊中，十萬工人每周給國家造成的損失超過 四萬英鎊。他們不勞而獲，迫使議會關閉了工坊。

這項措施引發了一場有五萬工人餐與的起義行動。議會驚恐萬分，將所有行政權力交給了卡瓦尼亞克（Cavaignac）將軍。在與起義者的四天激戰中，三名將軍和巴黎大主教被殺害；三千名囚犯被議會驅逐到阿爾及利亞，革命性社會主義在五十年間蕩然無存。

這些事件使政府公債從一百一十六法郎跌到五十法郎。商業停滯不前。農民自覺受到社會主義者的威脅，中產階級則是因國民議會增加他們的稅收而感到不滿，因而紛紛反對共和國。當路易‧拿破崙承諾恢復秩序時，他受到了熱烈的歡迎。根據新憲法，共和國總統必須由全體公民選出，候選人路易‧拿破崙以550萬票當選。

與議會迅速產生矛盾的王子決定進行政變。議會被解散；三萬人被捕，一萬人被驅逐出境，另約有一百名議員被流放。

這次政變雖然倉促，但卻獲得廣大的民意支持。因為在全民公投時，它獲得了八百萬張選票 中的七百五十萬張。

1852年11月2日，拿破崙以更高的多數票被推舉為皇帝：廣大法國人民對於民粹主義者和社會主義者的恐懼，使得帝國得以恢復。

在其存在的前半期，它構成了一個絕對政府，而在後半期則是一個自由政府。經過18年的統治，皇帝在在色當投降後，於1870年9月4日被革命推翻。

從那時起，革命運動就很少發生；唯一一次重要的革命是1871年3月，許多巴黎的紀念碑被燒毀，並且大約有2萬名起義者被處決。

1870年戰爭後，選民在一片災難中迷失了方向，將大量支持奧爾良派（Orleanist）和正統派（Legitimist）的代表送進了制憲會議。由於無法就建立君主制的形式達成共識，他們任命梯也爾為共和國總統，後來又以馬克馬洪（MacMahon）元帥取代他。

與之後的所有選舉一樣，共和黨人在議會中佔多數。各種議會一直分裂成許多黨派，導致內閣改組頻繁。

然而，由於這種政黨分裂所產生的平衡，我們已經享受了40年的相對平靜。四位共和國總統被罷黜，但並沒有發生革命，而香檳省和南部等地發生的騷亂也沒有造成嚴重後果。

在1888年，一場聲勢浩大的民眾運動幾乎為了布朗熱將軍的利益而推翻了共和國，但共和國還是在所有黨派的攻擊下存活，並取得了勝利。

　　維持現存共和國的原因有很多。首先，各個派系之間勢力都互相制衡，沒有任何一方強大到足以擊潰其他派系。其次，國家元首只是象徵性的職位，沒有任何實權。因此，人民不會將國家所遭受的苦難歸咎於他，也不會認為推翻他就能帶來改變。終於，當最高權力分散在成千上萬人手中，責任也變得如此分散，讓人難以分辨從何開始。暴君可以被推翻，但對於一群匿名的微型暴君，我們又能做什麼呢？

　　如果我們想用一個詞來總結法國經過一世紀的暴動和革命所發生的巨大變革，我們可以說，過去軟弱且易於被推翻的個人暴政，已被非常強大且難以摧毀的集體暴政所取代。對於一個熱愛平等、且習慣於追究政府所有作為的人民來說，個人的暴政似乎難以忍受，然而更加嚴酷的集體暴政卻很容易被容忍。

　　因此，在法國，所有革命的最終結果都是國家暴政的延伸，也是我們所知所有政府體系的共同特徵。這種形式的暴政可以被視為種族理想，因為法國歷次暴動只是強化了它。 國家主義（Statism）才是拉丁民族真正的政治體系，也是唯一獲得全民支持的制度。其他形式的政府，像是共和國、君主制、帝國等等，都只是代表空洞的標籤，毫無力量的影子。

PART. 3
革命原則的近期演變

THE RECENT EVOLUTION
OF THE REVOLUTIONARY
PRINCIPLES

第一章

民主信仰在革命後的進展

1. 革命後民主思想逐漸傳播

根深蒂固的觀念，就像鑲嵌在人們思想中一樣，會持續影響好幾代人。法國大革命所產生的思想，也如同其他思想一樣，受到這種法則的影響。

革命作為一種政府的生命雖然短暫，但其原則的影響力卻十分長久。這些原則成為一種宗教信仰，深刻地改變了幾代人的情感和思想取向。

儘管歷經一些間歇期，法國大革命一直持續到現在，並且仍然存在。拿破崙的角色不僅限於顛覆世界、改變歐洲地圖，以及重塑亞歷山大的功績。由革命創造並由其機構確立的人民新權利，已經產生了深遠的影響。征服者的軍事功績很快就被消解了，但他所宣傳的革命原則卻流傳了下來。

　　帝國復辟後的一系列政權變革，讓人們逐漸淡忘了革命的原則。五十年來，這些理念的傳播速度遠遠稱不上快速，人們甚至一度以為它們已被遺忘。只有少數理論家保持了他們的影響力。他們繼承了雅各賓派的「簡化主義」精神，與他們一樣相信法律可以徹底改造社會，並且堅信帝國只是打斷了革命的進程，因此他們渴望重新開始革命。

　　在等待革命復辟的同時，他們試圖透過著作來傳播革命的原則。作為革命先驅忠誠的模仿者，他們從未停下來思考改革計畫是否符合人性。他們在為理想建立一個虛幻社會，並且堅信實踐他們的夢想，將會使人類得到重生。

　　被剝奪所有建設力量的理論家，歷代以來總是非常樂於破壞。拿破崙在聖赫勒拿島曾說過：「如果存在一個花崗岩君主制國家，理想主義者和理論家就會設法把它碾成粉末。」

　　在充滿夢想家的星系中，例如聖西門（Saint-Simon）、傅立葉（Fourier）、皮埃爾・勒魯（Pierre Leroux）、路易・布朗、基內等，我們發現只有奧古斯特・孔德（Auguste Comte）理解，政治重組之前必須先進行風俗和思想的變革。

　　這些理論家在這個時期的改革方案，遠非促進民主思想的

傳播，反而阻礙了它們的進展。幾位理論家所宣揚的共產社會主義，聲稱能恢復革命，最終卻引起了資產階級、甚至工人階級的警覺。正如我們之前所見，人們對這些思想的恐懼，正是帝制復辟的主要原因之一。

即使19世紀上半葉作家的那些奇幻著作都不值得討論，但藉由這些著作觀察當今被鄙視的宗教和道德觀念在當時所扮演的角色，仍然是一件有趣的事。改革者深信，如果沒有宗教和道德信仰，新社會就不可能建立，一切還是像舊社會一樣。

但是這些信念的基礎是什麼呢？顯然是基於理性。人類可以運用理性創造複雜的機器，那麼為什麼不能創造一個看似簡單的宗教和道德體系呢？他們沒有一個人懷疑過這樣一個事實，那就是沒有任何宗教或道德信念是以理性邏輯為基礎。奧古斯特·孔德也沒有清楚地認識到這一點。我們知道，他創立了所謂的實證主義宗教，至今仍有一些追隨者。科學家將組成一個由新教皇領導的神職人員，以取代天主教的教皇。

我重申，不管是政治、宗教或道德觀念，長期以來除了使大眾遠離民主原則之外，別無其他結果。

如果這些原則最終得以廣泛推行，並非理論家的功勞，而是

因為出現了新的生活條件。科學的發現促使工業發展，並建起了龐大的工廠。經濟的需求日益支配著政府和人民的意志，最終為社會主義，尤其是工會主義，也就是民主思想的現代形式，創造了有利的土壤。

2. 革命三大基本原則的不平等影響

自由、平等和博愛這三個詞，概括了革命的全部遺產。正如我們所看到的那樣，平等原則產生了強大的影響，但其他兩者並非如此。

雖然這些詞彙的意義看似清晰易懂，但根據不同的人和時代，他們的理解方式卻大相逕庭。 我們知道，不同心態的人對相同詞語的不同詮釋，一直是引發歷史衝突最常見的原因之一。

對國民公會成員來說，自由僅僅意味著行使無限制的專制。對於年輕的現代「知識分子」來說，這個詞意味著從傳統、法律、優越感等一切令人不快的事物中解脫出來。對現代雅各賓派來說，自由尤其意味著迫害對手的權利。

儘管政治演說家在演講中偶爾還會提到自由，但他們一般都不再提起博愛。今天，他們講授的是不同階級之間的衝突，而不

是他們之間的聯盟。社會各階層和領導他們的政黨之間，從未有過如此深刻的仇恨。

然而，當自由變得非常可疑，博愛完全消失的時候，平等原則卻肆無忌憚地發展起來。在上個世紀以法國為舞台的政治動盪中，平等原則都佔據著至高無上的地位，並且影響我們的政治和社會，法律，甚至禮儀和習俗都以此為基礎。它構成了革命的真正遺產。對平等的渴望，不僅是在法律面前的平等，而且在地位和財富上的平等，成為是社會主義這個民主最後產物的核心。這種渴望是如此強大，儘管它與所有生物學和經濟學法則相互矛盾，但仍然朝所有方向蔓延。這是情感與理智之間斷斷續續鬥爭的新階段，而在這場鬥爭中，理智很少能勝出。

3. 知識分子的民主與一般大眾的民主

迄今為止，所有引起人類世界巨大變革的理念，都遵循兩條法則：發展緩慢，並且會根據接受這些理念的心態而完全改變其意義。

一個教義可以比作一個有生命的存在。它僅通過轉變過程而存在。書籍必然對這些變化保持沉默，因此它們所確立的事物階

段僅屬於過去。它們反映的不是活著的影像，而是死者的影像。教義的書面陳述通常代表了該教義最微不足道的一面。

我在另一部著作中已經說明了制度、藝術和語言在從一個民族傳到另一個民族的過程中是如何變化的，以及這些變化的規律與書本上所述的真相有何不同。我現在提到這個問題，僅僅是為了說明，在探討民主思想這個議題時，我們為何很少關注教條的文本，只尋求構成其外衣的心理因素，以及這些元素在接受過這些思想的不同類別人群中所引發的反應。

在思想各異的人們快速修改下，原本的理論很快淪為一個標籤，代表著與它本身完全不同的東西。

適用於宗教信仰的這些原則，同樣也適用於政治信仰。例如，當人們談論民主 時，我們是否必須探究這個詞對不同人民意味着什麼，並且在同一群體中，「知識分子」的民主和「大眾」民主之間是否存在巨大差異。

現在讓我們聚焦在後面的這個論點，我們將很容易地理解，刊登在書籍和期刊上的民主思想，僅僅是文人學士的理論，老百姓對此一無所知，就算實施了這些理論，對他們也沒有任何好處。雖然理論上勞工階級可以透過一系列的競賽和考試，打破他

們與上層階級分隔的藩籬，但實際上他們成功晉升的機會仍然微乎其微。

文職階級的民主沒有其他目的，只是為了建立一個選拔機制，期望從他們的群體中招募領導階級。如果這種選拔是真實的，我也無話可說。這樣一來，它就構成了拿破崙格言的應用：「真正的治理方法是運用貴族政治，但採用民主的形式。」

令人遺憾的是，「知識分子」的民主，只會導致以小寡頭政治的神權取代國王的神權，而小寡頭政治往往狹隘又專制。自由不可能透過取代暴政而產生。

大眾民主絕不是為了製造統治者。它完全受到平等精神和改善工人命運的願望主導，它拒絕博愛的觀念，並且沒有表現出對自由的焦慮。除了獨裁形式之外，任何政府都無法實現大眾民主。我們不僅在歷史上看到了這一點，歷史向我們表明，自革命以來，所有專制政府都受到大力讚揚，而且在工人工會的專制運作中也看到了這一點。

在知識份子和普羅大眾的民主之間，這種深刻的區別，對工人階級來說比對知識分子來說顯得更加明顯。在他們的思維方式中，這兩個階級之間沒有任何共同點；他們根本就不是說著同一

種語言。工會主義者今天斷言，他們和資產階級政客之間，絕不可能存在任何聯盟。這種聲明是絕對真實的。

狀況是一直如此，這無疑就是為何從柏拉圖到我們這個時代，偉大思想家從未真正擁護過大眾民主的原因。

這個事實讓評論家法蓋特深受打擊。他說：「19世紀幾乎所有思想家都不是民主主義者。當我寫《19世紀的政治家和道德家》（*Politiques et moralistes du XIXe siecle*）時，這令我感到絕望。」我找不到一個曾經是民主黨人的人；然而，我非常渴望找到一位這樣的人，這樣我就可以根據他的觀點來闡述民主主義的理論。

知名作家肯定可以找到許多職業政客，但後者鮮少屬於思想家之列。

4. 天生的不平等與民主的平等化

在當今世代，調和民主平等與天生不平等之間的矛盾，一直是我們最棘手的難題之一。我們明白民主的訴求，但讓我們看看自然如何回應這些要求。

從古希臘的英雄時代到現代，民主思想經常與天生的不平等發生衝突。一些觀察家，例如赫爾維修斯，認為人與人之間的不

平等是由教育造成的。

事實上，大自然根本不知道什麼是平等。天才、美貌、健康、活力、智力，以及所有賦予擁有者凌駕於他人之上的特質，大自然都分配得並不平均。

任何理論都無法改變這些差異，因此，在遺傳法則同意統一人類的能力之前，民主理論仍將侷限於文字。

我們能否假設社會可以透過人為方式去建立自然法則所拒絕的平等？

長期以來，有些理論家一直認為，教育可以實現普遍的公平。但多年的經驗表明，這種幻想是多麼的深不可測。

得勝的社會主義，若要嚴格剷除所有傑出人士來建立短暫的平等，也並非全然不可能。然而人們可以很容易地預見到，如果一個民族壓制了自己最優秀的人才，而周圍其他國家則依靠他們最優秀的人才來進步，那麼這個民族將會變成什麼樣子。

大自然不僅不認識平等，而且自古以來，它一直通過不斷的差異化，也就是增加不平等來實現進步。正是這些不平等，才將早期地質年代的晦澀細胞提升為高等生物，而這些高等生物的發明則改變了地球的面貌。

　　在社會中也可以觀察到同樣的現象。那些試圖挑選人民群體中較優秀份子的民主形式，最終會導致產生一個知識精英階層。這與純粹理論家的夢想背道而馳，他們的夢想是將社會中的優秀份子壓制到與下層份子同等的水平。

　　在與主張人人平等的理論敵對的自然法則這一方面，存在著現代進步的條件。科學和工業越來越需要重大的智力努力，因此，心智上的不平等以及由此產生的社會地位差異將不可避免地被放大。

　　因此，我們觀察到這個驚人的現象：當法律和制度試圖使個體平等時，文明的進步卻更進一步地使他們區別開來。從農夫到封建男爵，智識上的差異並不大，但從工人到工程師的差異卻是巨大的，並且與日俱增。

　　能力是進步的主要因素，每個階級中能力強的人都在進步，而平庸的人則停滯不前或沉淪下去。面對這種不可避免的必然性，法律能做些什麼呢？

　　無能者縱然假裝，他們代表人數的數量也代表了力量。但如果不是卓越的大腦持續進行研究，造福所有勞工，他們將迅速陷入貧困和無政府狀態。

在現代文明中，菁英份子的重要性似乎顯而易見，不需要特別指出。文明國家和蠻族雖然都擁有大量平庸之輩，但文明國家之所以更加優越，完全取決於其中所擁有的傑出人才。美國已經深刻理解到這一點，以至於他們禁止中國工人的移民，因為中國工人的能力與美國工人的能力相同，而且中國工人的工資較低，往往會與美國工人形成強大的競爭。儘管存在著這些證據，我們卻看到群眾與菁英之間的對立日益加劇。沒有哪個時期比現在更需要菁英，然而支持他們的難度卻也前所未有。

社會主義最堅實的基礎之一，就是對菁英的強烈憎恨。其信徒總是忘記，科學、藝術和工業的進步，創造一個國家的力量和數百萬工人的繁榮，完全歸功於少數優秀的大腦。

如果工人今天的收入是一百年前的三倍，並享受著那時候連大貴族都未曾擁有的商品，那完全是因為菁英的功勞。

想像一下，如果一個世紀前社會主義奇蹟般地被普遍接受，那麼簡言之，像冒險、投機、創新等所有刺激人類活動的因素都將被抑制，進步就不可能實現，工人仍然會像過去一樣貧窮。人們僅僅會建立起由一群平庸頭腦的嫉妒與羨慕所渴望的貧窮平等而已。人類永遠不會為了滿足如此低下的理想而放棄文明的進步。

第二章

民主演進的結果

1. 無理性價值理論對社會進化的影響

我們已經看到，自然法則並不符合民主的期望。我們也知道，這樣的說法從未影響過人們心中已有的教條。被信念引導的人，從不擔心其信念真實價值。

研究信仰的哲學家，顯然必須討論其理性內容，但他更關心的其實是信仰對一般心靈的影響。

將理性與信仰的區別用於解釋歷史上所有偉大的信仰，其重要性不言而喻。朱比特（Jupiter）、摩洛克（Moloch）、毗濕奴（Vishnu，譯註：印度教）、真主（Allah）以及其他許多神祇，從理性的角度來看，無疑都只是幻象，但它們對人們的生活卻產生了巨大的影響。

同樣的區別也適用於中世紀盛行的信仰。它們同樣是虛幻

的，但卻產生了深遠的影響，就像它們與現實相對應一樣。

如果有人懷疑這一點，請他比較一下羅馬帝國和羅馬教會的統治。前者是完全真實具體的，不存在任何幻覺。後者雖然其基礎完全是虛構的，卻具有同樣強大的力量。由於它的存在，在漫長的中世紀黑夜中，半野蠻的民族獲得了那些社會連結和約束，以及沒有這些就無法形成的國家靈魂，而這正是文明所必需的。

教會所擁有的權力再次證明，某些幻覺的力量足夠大，至少在短暫的時間內，能夠創造出與個人利益和社會利益相反的情感，如對修道生活的熱愛，對殉道的渴望，十字軍東征，宗教戰爭等等。

將前述考量應用於民主和社會主義的觀念，顯示出這些觀念是否具有可辯護的基礎並不重要。它們能打動並影響人們的思想，這就足夠了。它們的結果可能極具災難性，但我們無法阻止。

這些新興教義的信徒過度執著於為他們的渴望尋找理性基礎，這實在是大錯特錯。如果他們僅止於宣示教義、喚醒人們的希望，反而會更具說服力。他們的真正力量，是源自於根植人心深處的宗教情懷，這種情懷歷經時代變遷，只是在各時代轉換了對象而已。

稍後，我們將從哲學的角度探討民主進化的各種後果，我們看到民主進化的進程正在加速。對於中世紀的教會，我們可以說它具有深刻影響人們思想的力量。透過研究民主學說的某些結果，我們會發現其力量並不亞於教會。

2. 雅各賓精神與民主信仰所塑造的心態

我們這一代人不僅繼承了革命原則，還繼承了取得成功的特殊心態。

我們在研究雅各賓派精神時曾描述過這種心態，我們看到它總是試圖用武力將它視為真理的幻想強加於人。雅各賓派精神最終在法國和其他拉丁國家變得如此普遍，以至於影響到了所有政黨，甚至是最保守的政黨。中產階級深受其害，人民更是如此。

雅各賓精神的膨脹導致了一個事實，那就是政治理念、體制和法律傾向於以強制的方式施加於人。在其他國家較為和平的工會主義，在法國立即呈現出不妥協和無政府主義的一面，並以暴亂、破壞和縱火的形式表現出來。

雅各賓派精神不會被膽怯的政府所壓制，並在平庸之輩的思想中滋生出悲慘的破壞傾向。在最近的一次鐵路工人大會上，有

三分之一的代表投票贊成破壞活動，而大會的一位祕書在致辭時甚至說道：「我向所有破壞者致以最真誠的問候和由衷的欽佩。」

這種普遍心態導致無政府狀態日益加劇。法國之所以沒有長期處於無政府狀態，正如我已經說過的那樣，是因為法國分裂的黨派產生了某種類似於平衡的狀態。它們彼此仇恨，但卻沒有一個政黨強大到足以奴役對手。

這種雅各賓派的偏激不寬容的態度正日益蔓延，統治者自己也毫不猶豫地對敵人使用最具革命性的策略，暴力迫害任何稍有反抗的政黨，甚至剝奪他們的財產。我們今天的統治者就像古代的征服者一樣；戰敗者對勝利者毫無指望。

不寬容絕非下層階級的專利，在統治階級中也同樣普遍。米榭勒在很久以前就曾評論，知識分子的暴力往往超越一般普羅大眾。的確，他們不會去砸路燈，但卻樂於讓別人頭破血流。這次革命中最惡劣的暴力行徑，竟是出自一群受過良好教育的中產階級之手，像是教授、律師等等。他們接受過傳統的古典教育，理論上能陶冶性情、溫文儒雅，但顯然在當今社會毫無效用，正如過去一樣。只要讀一讀那些由大學教授所編輯、撰寫的激進期刊，便能輕易地印證這一點。

他們的書籍與文章一樣充滿暴力，人們不禁會好奇，這些幸運之子是如何掩飾如此多的仇恨。

若是他們信誓旦旦地宣稱自己被強烈的利他主義所驅使，人們恐怕難以置信。與其相信這點，倒不如承認，除了狹隘的宗教思想之外，他們渴望獲得當權者的注意，或是建立有利可圖的名聲，這才是他們書面宣傳中鼓吹暴力的唯一合理解釋。

在我之前的著作中，曾引用過法國學院一位教授的部分文章。該作者煽動人民奪取中產階級的財富，並對他們進行猛烈抨擊。基於此，我得出了以下結論：新的革命很容易從這些作者中找到它所需要的馬拉特、羅伯斯比爾和卡里耶。

雅各賓派的信仰，尤其是其社會主義形式，對軟弱心靈擁有著與古代信仰一樣　大的力量。他們被信仰蒙蔽，自以為理性是他們的指南，但實際上卻完全被激情和夢想所驅使。

因此，民主思想的演變，不僅產生了之前已經提到的政治成果，還對現代人的心態產生了相當大的影響。

雖然古代的教條早已失去了其影響力，但民主理論仍然具有強大的力量，並且我們每天都能看到其影響越來越大。其中一個主要的結果就是對優越性的普遍厭惡。

今日在所有階級中，從工人階層到上流階層對於超越社會水平的財富或智慧，都普遍有一種憎恨的心理。他們會表現出嫉妒、誹謗，以及喜愛攻擊、嘲諷、迫害，並習慣於將所有行為歸因於卑劣的動機，拒絕相信誠實、無私和智慧的存在。

在對話中，不論是普通人還是最有教養的法國人，都極盡所能地詆毀和辱罵。即使是已過世的偉人也逃不過這種對待。從未有過如此多的書籍貶低名人的功績，而這些人曾被視為國家最寶貴的財富。

嫉妒和仇恨似乎自始至終都與民主理論密不可分，但這些情緒的擴散從未像今天這樣嚴重。這讓所有觀察者都感到震驚。

布德優（M. Bourdeau）寫道：「有一種低劣的民粹本能，毫無道德感召，它夢想將人類拉到最低層次，對它而言，任何優越性，甚至是文化上的優越性，都是對社會的冒犯……這就是促使雅各賓黨劊子手砍下拉瓦節或謝尼（Chenier）頭顱的卑劣平等意識在作祟。」

這股對於優越感的仇恨，是現代社會主義進程中最顯著的元素，但民主思想所塑造的新精神，並不只限於仇恨。

其他後果雖然是間接的，但也同樣深刻，例如，「國家主義」

的進展、中產階級力量的減弱、金融家活動的增加、階級衝突，舊有社會約束的消失，以及道德的淪喪等等。

所有這些影響都表現出普遍的不服從和無政府狀態。兒子反抗父親、僱員反抗老闆、士兵反抗軍官。一切都充斥著不滿、仇恨和嫉妒。

一個持續的社會運動必然像一台加速運轉的機器。因此，我們會發現這種心態的結果會變得更加重要。這種情況會時不時被事件所顯現出來，而這些事件的嚴重性日益增加，例如鐵路罷工、郵差罷工、鐵甲艦上的爆炸等。關於自由號（Liberte）的破壞事件，它在一分鐘內造成超過兩百人死亡，損失超過兩百萬英鎊，前海軍部長德‧拉內桑（de Lanessan）如此表達：

「正在侵蝕我們艦隊的邪惡，就是正在吞噬我們國家的軍隊、公共行政、議會制度、政府組織，以及社會結構的邪惡。這種邪惡就是無政府狀態，也就是說，人們的思想和事物的混亂程度達到了理性所不能接受的地步，沒有人按照理智的要求去做任何事情，也沒有人按照他的職業或道德責任的要求去做任何事情。」

費利克斯・魯塞爾（Felix Roussel）在作為巴黎市議會議長發表的一次演講中談到了「解放號」的災難（「解放號」的災難緊隨「艾娜號」（Iena）之後），他說：

「罪惡的根源並非我們這個時代所獨有。這種罪惡更具有普遍性，它有三個名稱：不負責任、紀律和無政府狀態。」

這些引文陳述的是人人都熟悉的事實，顯示出共和制度最堅定的擁護者，自己也認識到了社會的瓦解進程。[1]每個人都看到了這點，同時也意識到自己無力改變任何事情。事實上，這就是精神影響的結果，而精神影響的力量大於我們的意志。

1　這種混亂在所有政府部門中都是一樣的。令人感興趣的例子可以在杜塞特（Dausset）交給市議會的報告中找到：「公共道路的服務，本應以其迅速的執行而著稱，然而相反的，它卻是典型的繁文縟節、官僚主義和揮霍墨水的行政管理，擁有人力和資金，卻因缺乏秩序、主動性和方法，換言之，就是缺乏組織，因此資源往往浪費在無用的任務上。」

在談到各部門的主管時，他補充說，「每個人都按照自己的意願和方式工作。這些重要的人物完全忽略彼此；他們在準備和執行計畫時，對其他部門在做什麼一無所知；沒有一個上級機構來統籌和協調他們的工作。因此，道路常常被挖開、修復，然後幾天後又被挖開，因為負責供水、煤氣、電力和下水道的部門彼此嫉妒，從不嘗試合作。這種無政府狀態和無紀律自然會花費大量的金錢，而以這種方式運作的私人公司很快就會發現自己破產。」

3. 普選權及其代表

在所有的民主教條中，也許最基本、且最具吸引力的就是普遍選舉權。它給予大眾平等的觀念，因為至少在那一瞬間，富人和窮人、有知識的人和無知者，在選舉箱前都是平等的。部長與最低階的僕人並肩而行，而在這短暫的時刻，每個人的權力都一樣大。

所有政府，包括革命政府，都害怕普遍選舉權。確實，乍看之下，普遍選舉權引發的反對意見不勝枚舉。認為群眾能夠有效地選出治理國家人才的想法，肯定令人震驚。認為一群道德冷漠、知識淺薄、思想狹隘的人，僅僅因為數量眾多，就具備評判候選人資格的天賦，這實在是令人難以置信。

從理性的角度來看，如果我們與帕斯卡（Pascal）一樣思考，數量的選舉權在某種程度上是合理的。

「多元是最好的方式，因為它是可見的、而且有力量讓自己服從；然而，這是能力較差者的建議。」

在當今世代，既然全民選舉無法被任何其他制度取代，我們就必須接受它，並嘗試去適應它。因此，抗議全民選舉、或是重

覆像瑪麗‧卡羅琳（Marie Caroline）皇后在與拿破崙鬥爭時的話語「在這個開明的世紀裡，沒有什麼比治理人民更可怕的了，因為每個補鞋匠都在對政府進行推理和批評」這樣的言論，都是徒勞無功的。

說實話，反對意見並不總是像它們看起來那麼嚴重。一旦接受了群眾心理的法則，我們懷疑有限制的選舉是否能比普選得到更好的人選。

這些相同的心理法則也告訴我們，所謂的普選實際上純屬虛構。除非在十分罕見的情況下，事實上群眾除了追隨領導者的觀點外，並無其他觀點。普選實際上代表的是最有限的選舉權。

普選的真正危險就在於此。普選之所以危險，是因為作為普選主人的領導者，是類似於大革命時期俱樂部的小型地方委員會的產物。獲得授權的領導者就是由他們選出來的。

一旦當選，他便擁有絕對的地方權力，會想著滿足委員會的利益。在這種必然性面前，國家整體利益幾乎從民選代表的腦海中消失殆盡。

委員會需要溫順的僕人，自然不會選擇擁有崇高智慧的人，更不會選擇道德高尚的人。他們需要的是沒有個性、沒有社會地

位、永遠順從的人。

由於這些必要性，民選代表對資助他的小團體有著絕對的服從。離開了這些團體，他什麼都不是。他會完全按照委員會的指示發言和投票。他的政治理想可以用一句話來表達：服從，以便保住他的職位。

有時，只有在名望、地位或財富極高的情況下，一個優越的人物才有可能戰勝地方委員會中厚顏無恥的少數人的專橫，從而將自己的選票強加在大眾選票上。

像法國這樣的民主國家，只是表面上由普選制度所治理。正因如此，政府才會通過那麼多不符合人民利益、人民從未要求的措施，例如購買西部鐵路、關於教會的法律等等。這些荒唐的表現，僅僅是將狂熱的地方委員會的要求轉化為現實，並強加給他們選出的代表。

當我們看到溫和派議員被迫支持無政府主義的軍火庫破壞者，與反軍國主義者結盟，總之，為了確保連任而服從最殘暴的要求時，我們就可以從中判斷這些委員會的影響力了。民主社會中最底層份子的意志就這樣在當選代表中，創造出了我們只能承認是最底層的風度和道德。政治家是公職人員，正如尼采（Nietzsche）所言：

> 「公職開始的地方，也是偉大喜劇演員的喧嘩和毒蠅嗡
> 嗡聲的開始。喜劇演員總會相信那些讓他獲得最佳效果
> 的東西、那些讓人們信服他的事物。明天他會有新的信
> 仰，後天又會有另一個。所有偉大的事物，都遠離公職
> 和榮耀而存在。」

4. 對改革的渴望

　　急速推行改革法令的狂熱，是雅各賓精神中最災難性的概念
之一，也是革命留下的可怕遺產。這是過去一個世紀，法國政治
動盪的主要因素之一。

　　人們之所以強烈渴望改革，往往是因為他們很難找到社會問
題的真正根源。 為了解釋這些複雜的問題，人們常常會簡化問
題，甚至捏造一些簡單的原因。正因為如此，他們所提出的解決
方案也往往過於簡單。

　　我們已經連續四十年不斷地進行改革，每一項改革本身都是

一場小革命。儘管如此，或者說正因為如此，法國人的發展幾乎與歐洲任何一個種族一樣緩慢。

倘若將我們社會生活的基本要素，例如商業、工業等因素，與其他國家進行比較，便會發現我們實際發展的很慢。其他國家的進步，尤其是德國，顯得非常巨大，而我們自己的進展卻非常緩慢。

我們的行政、工業和商業組織已經相當過時，不再能滿足我們新的需求。我們的工業不再繁榮；我們的海運業正在衰退。即使在我們自己的殖民地，我們也無法與外國競爭，儘管國家給予了鉅額的財政補貼。前商務部長克魯皮（Cruppi）在最近的一本書中強調了這種悲觀的衰退。但他陷入了常見的誤區，認為通過新的法律很容易改善這種劣勢。

所有的政治家都持有相同的觀點，這就是為什麼進步會如此緩慢。每個政黨都堅信，通過改革可以解決所有弊病。這種信念導致了像法國這樣的鬥爭，使其成為世界上最分裂的國家，也最容易陷入無政府狀態。

似乎還沒有人明白，一個民族的價值在於個人及他們的方法，而不是規章制度。有效的改革不是革命性的改革，而是日積

月累的細微改善。偉大的社會變革就像地質變遷一樣，是由日復一日的細微原因促成的。德國過去四十年的經濟史，以驚人的方式證明了這一規律的真實性。

許多看似高度仰賴偶然的重大事件，例如戰役，本身就受到這種小因素累積的法則影響。毫無疑問，決定性的戰役有時在一天或更短的時間內結束，但許多微小的努力日積月累，才是最終勝利的關鍵。我們在1870年有過痛苦的經驗，而俄羅斯人最近也領悟了這一點。在對馬島（Tsushima）戰役中，東鄉平八郎（Admiral Togo）摧毀俄羅斯艦隊只用了短短不到半小時，這場戰役最終決定了日本的命運，然而這場勝利卻是由成千上萬個微小而間接的因素所決定。導致俄國人戰敗的原因很多，例如和我們一樣複雜、一樣不負責任的官僚機構；可悲的物資，儘管是用黃金換來的；社會各階層的貪污，以及對國家利益的普遍漠視。

令人遺憾的是，一個國家在小事上取得的進步往往很少顯現出來，而這些小事卻共同構成了一個國家的偉大，這些進步不會給公眾留下任何印象，也不會在選舉中為政客帶來任何利益。這些政客對這些事情毫不關心，他們允許在受其影響的國家中不斷積累小的混亂，最終導致巨大的衰落。

5. 民主政體中的社會差異與各國的民主理念

當人們被劃分為不同的種姓，並主要以出身來決定區別時，自然不可避免的會出現社會差異。

當舊有的社會階層瓦解之後，階級的劃分就顯得虛偽，因此不再被容忍。

雖然平等在理論上是必要的，但我們已經在民主國家看到人為的不平等迅速發展，使擁有它們的人可以為自己建立明顯的優勢地位。之前從未像今天這樣，人們會如此渴望頭銜和勳章。

在真正民主的國家，例如美國，頭銜和勳章的影響力不大，只有財富才能彰顯地位。除非是特殊情況，我們很少看到美國富家千金嫁給歐洲古老姓氏貴族的例子。她們這樣做，是本能地使用唯一的手段，讓一個年輕的種族獲得一個能夠建立其過往的道德框架。

但總的來說，我們在美國看到的貴族階層興起，絕不是建立在頭銜和勳章之上的。它純粹是經濟上的，並不會引起太多的嫉妒，因為每個人都希望有朝一日能成為其中的一員。

當托克維爾在他的《論美國的民主》（*Democracy in America*）

一書中談到對平等的普遍渴望時，他並未意識到他所預言的平等，最終會以人們所擁有的美元數量為唯一基礎的分類方式結束。

在美國沒有其他類似的存在，歐洲也肯定會有一天變成這樣。目前，我們不能將法國視為一個實質上的民主國家，僅能在紙上如此認定。在此，我們感受到有必要（這一點已經提到過）檢視不同國家對「民主」這個詞所表達的各種不同觀點。

要談論真正的民主國家，我們實際上只能提到英國和美國。在那裡，民主以不同的形式出現，但遵循著相同的原則，尤其是對所有觀點的完全寬容。沒有宗教迫害。只要具備必要的能力，任何人在任何年齡都可以從事各種職業。個人努力沒有任何障礙。

在這樣的國家裡，人們認為自己是平等的，因為所有人都認為他們有自由去達到相同的地位。工人知道他可以成為工頭，然後再成為工程師。工程師被迫從底層開始，而不是像在法國那樣從較高等級開始，他不會認為自己與其他人有什麼不同。在所有職業中都是如此。這就是為什麼在歐洲如此強烈的階級仇恨，在英格蘭和美國卻鮮少發展的原因。

在法國，民主實際上只存在於演講當中。一套競賽和考試制度，必須在青年時期完成的競賽和考試制度，牢牢地關上了自由

職業的大門，因此形成相互對立和相互分離的階級。

　　因此，拉丁民主政體純粹是理論上的。國家專制主義取代了君主專制主義，但其嚴重程度絲毫不減。財富貴族制取代了出身貴族制，其特權同樣不可小覷。

　　君主制和民主制在形式上的差異遠比實質差異更大。只有人們思想的變化才會影響它們的效果。所有關於各種政體的討論都毫無趣味，因為政體本身並沒有特殊的優劣。它們的價值始終取決於被治理人民的素質。當一個民族發現其在世界國家排名的決定因素，是個體努力的總和，而非政府體制時，它就會實現偉大且迅速的進步。

第三章

新型態的民主信仰

1. 資本與勞工之間的衝突

當立法者倉促改革和立法之時，世界正自然地緩慢演進。新的利益興起，國家之間的經濟競爭日益激烈，工人階級開始覺醒，社會的各個層面都產生十分棘手的問題，政客的喋喋不休似乎無法解決這些問題。

在這些新問題中，最複雜的問題就是勞資衝突。即使在像英國這樣的傳統國家，這個問題也變得尖銳。工人不再尊重過去構成他們權利保障的集體合約，他們會因小事罷工，社會上失業和貧困達到了令人不安的程度。

在美國，這些罷工最終會影響到所有行業，然而惡劣狀況的過度蔓延反而促成了解決之道。在過去一年裡，工業領袖組織了大型的雇主聯合會，這些聯合會變得十分　大，可以迫使工人接

受仲裁。

　　法國的勞工問題因大量外籍勞工的介入而變得複雜，但這是我們人口停滯的必要之舉。[1]這種人口停滯也將使法國難以應付競爭對手。由於競爭對手人口不斷增長，這些國家將面臨資源短缺的問題，為了生存，他們很可能會向人口較少的國家擴張勢力。而根據歷史上最古老的定律之一，這些人民必然會入侵人口密度較低的國家。

　　亞洲人民的需求量小，因此可以以極低的價格生產製造品，而歐洲人的需求量大，因此亞洲人與歐洲人之間的經濟鬥爭日益激烈，這將使同一民族的工人與雇主之間的矛盾更加嚴重。二十五年來，我一直在強調這一點。早在敵對行動爆發之前就預見到日本會得勝的前駐日軍武官漢密爾頓（Hamilton）將軍，在由朗

1　各國人口：

	1789年	1906年
俄羅斯	28,000,000	129,000,000
德國	28,000,000	57,000,000
奧地利	18,000,000	44,000,000
英格蘭	12,000,000	40,000,000
法國	26,000,000	39,000,000

格瓦（Langlois）將軍翻譯的一篇文章中寫道：

「我在滿洲所見的中國人，擁有消滅現有白人勞工型態的
能力。他們將會完完全全的淘汰白人勞工。鼓吹勞工平
等的社會主義者，遠遠沒想到實踐他們的理論會帶來什
麼樣的後果。那麼，白人種族注定會在長遠的未來消失
嗎？在我的淺見中，我們的未來命運取決於一個關鍵因
素：我們是否有足夠的智慧，去忽略那些將戰爭以及戰
爭準備視為毫無益處的邪惡言論？我相信勞工必須做出
選擇。」

「以當今世界局勢來看，他們必須在孩子身上培養尚武精
神，並優雅地接受軍國主義所帶來的代價和麻煩，否則
他們將不可避免地陷入一場殘酷的生存競爭，而他們的
競爭對手肯定會取得勝利。」

「阻止亞洲人移民、以競爭拉低薪資、以及與我們生活
在一起的唯一的方法，就是武力。如果美國人和歐洲人
忘記他們的特權地位，僅靠武力維持，亞洲很快就會報
復。」

在美國，由於中國和日本人的湧入，以及他們與白人勞工之間的競爭，已經演變成一場國家災難，我們都清楚這一點。在歐洲，這種「入侵」正開始發生，但尚未大規模蔓延。然而，中國移民已經在某些重要中心地區形成了龐大的族群，例如倫敦、卡地夫（Cardiff）、利物浦（Liverpool）等等。他們以低廉的薪資工作，引發了好幾次暴動事件。

但是，這些問題屬於未來，現在的問題已經讓人如此不安，以至於此刻我們再去考慮其他問題是無濟於事的。

2. 勞工階級與工會運動的演進

當今最重要的民主問題，或許將源於工會運動所引發的工人階級的近期發展。

在全球各地，以共同利益為基礎的「工團主義」（又稱工會主義）迅速發展壯大，其勢力已遍及全世界。一些工會的預算甚至可以媲美小型國家。根據報導，德國的一些工會聯盟累計存了超過三百萬英鎊的會費。

所有國家勞工運動的擴展顯示，它並非像社會主義那樣，是烏托邦的社會主義理論家的夢想，而是經濟必然的結果。在其目

標、行動手段和傾向上，工會主義與社會主義沒有任何關聯。在我的《政治心理學》一書已經充分解釋了這一點，這裡只須用幾句話回顧一下這兩種學說之間的區別。

社會主義將由國家掌控所有產業，並由國家分配產品給人民。另一方面，工團主義則將完全消除國家的作用，並將社會劃分為小型的專業團體，這些團體將自我治理。

雖然社會主義者被工團主義者鄙視並遭受暴力攻擊，他們試圖忽視衝突，但局勢惡化得太快，已經無法掩蓋。社會主義者仍然擁有的政治影響力將很快消失殆盡。

如果說工會主義在各地的發展是以犧牲社會主義為代價的話，那麼，我再說一遍，這是因為這種企業運動雖然是對過去的革新，但卻綜合了現代工業專業化所產生的某些需求。

我們在各種情況下都能看到它的表現。在法國，它的成功尚未像在其他地方那樣顯著。由於採取了先前提到的革命形式，它目前已落入無政府主義者的手中，這些人對工團主義和任何形式的組織都毫不在意，只是利用這一新學說來試圖摧毀現代社會。社會主義者、工團主義者和無政府主義者，儘管受到完全不同的觀念指導，但他們在最終目標上卻有著相同的合作，那就是暴力

壓制統治階級並掠奪他們的財富。

工團主義的學說在任何方面都不是源自革命的原則。在許多方面，它完全與革命相互矛盾。工團主義相當於回歸到某些類似於被革命禁止的行會或公會的集體組織形式。因此，它構成了革命所譴責的那些聯盟之一。它完全拒絕革命所建立的國家集中化。

工團主義對於民主原則的自由、平等和博愛毫不在意。工團主義者要求成員遵守絕對的紀律，這與所謂的自由背道而馳。

由於力量還不足以互相實施暴政，這些工團主義者到目前為止，對彼此所表示出的友好感情，充其量只能勉強稱為兄弟般的情誼。但是，一旦他們變得足夠強大，當他們的利益必然發生衝突時，就像在佛羅倫斯和錫耶納（Siena）舊義大利共和國的工團主義時期，現有的博愛將會很快被遺忘，平等將被最強者的專制所取代。

這樣的未來似乎近在眼前。新的力量正在迅速增長，政府面對它顯得無能為力，只能透過滿足每一個要求來保護自己。這是一種令人厭惡的政策，雖然暫時有效，卻會嚴重影響未來。

然而，英國政府最近在與礦工工會的抗衡中訴諸這種糟糕的權宜之計，該工會威脅要停止英國的工業活動。工會要求為成員

設定最低工資，但他們卻沒有義務要提供最低限度的工作量。

　　儘管政府無法接受這樣的要求，但同意向議會提出一項法律來批准這樣的措施。我們不妨讀一讀英國外務大臣貝爾福（Balfour）在下議院發表的重要言論：

「這個國家在漫長而多樣的歷史中，從未面臨過類似的危機。國家正處於一個奇怪而險惡的景象，一個渺小的組織竟威脅要癱瘓（並且在很大程度上已經癱瘓）一個以商業和製造業為經濟命脈的社區。根據現行法律，礦工擁有的權力幾乎是無限的。我們以前見過這樣的事情嗎？封建領主是否曾經實行過如此的暴政？」

「歷史上是否有過任何美國信託機構如此藐視法律所賦予的權利，如此漠視公眾利益？正是我們法律、社會組織以及各行各業之間相互關係所達到的高度完善，反而讓我們比以往更容易受到當今社會所面臨的重大威脅。眼下，我們正目睹一股力量的顯現，如果我們不注意，它將淹沒整個社會。政府在屈服於礦工的禁令時所採取的態度，使得那些反對社會的人看起來似乎取得了勝利。」

3. 為何某些現代民主政府正逐漸轉變為行政官僚政府？

　　無政府主義的興起和民主運動的衝擊，使得部分政府不得不面對劇烈的轉型。這些政府為了應對社會動盪，可能會逐步喪失實際的統治權力，僅保留名義上的地位。這種轉變，是社會發展的必然結果。

　　今日民主國家的政府，由全民選舉產生之代表組成。他們投票制定法律，任命和罷免暫時被賦予行政權力的部長。這些部長自然經常被替換，因為只需要投票就可以做到。繼任者可能屬於不同的政黨，將會根據不同的原則來治理國家。

　　乍看之下，一個國家受到各種力量拉扯，似乎難以維持連續性和穩定性。然而，即使存在這些不穩定因素，像法國那樣的民主政府仍然可以正常地運作。要如何解釋這種現象呢？

　　它的解釋非常簡單，因為那些看起來在治理國家的部長，實際上只在非常有限的程度上治理國家。他們的權力受到嚴格的限制和約束，主要體現在一些幾乎不被注意的演講和無效的政策上。

　　在顯赫的閣員權威背後，缺乏強大且持久的實力，淪為政客提出各種訴求的玩物。然而，一股匿名力量正悄然運作，其影響

力在各個政府部門中不斷增長。擁有傳統、階級和連續性，這些根深蒂固的勢力讓大臣很快意識到，他們根本無力抗衡。[2]在行政機器中，責任被如此分割，以至於可能不會有任何重要人物會抵抗部長。他的一時衝動受到由各種規章、習俗和法令所形成的網路所制約，這些條例會不斷地被引用來提醒他，但他對它們知之甚少，因此他不敢違反這些條例。

這種對民主政府力量的削弱只會不斷發展。歷史上最恆常的定律之一，正是我之前所提到的：任何一個階級，不論是貴族、僧侶、軍隊還是人民，一旦取得支配地位，就很快會傾向於奴役其他階級。那些羅馬軍隊就是如此，最終擁立和推翻了皇帝；那些神職人員也是如此，過去的國王幾乎無法與之抗衡；三級會議亦是如此，在革命時刻迅速吸收了所有政府權力，取代了君主制。

官僚階層注定要為此定律的真實性提供新的證明。他們已經佔了上風，開始大聲疾呼，甚至發出威脅，開始縱容罷工，例如郵差的罷工，隨後很快又是政府鐵路職工的罷工。因此，行政

2　克魯比（Cruppi）在最近的一本書中對部長在自己的部門中的無能做了很好的描述。部長最想達成的目標，立刻被部門阻撓，他隨即就放棄了掙扎。

權力在國家內形成了一個小國家，如果它目前的革命速度持續下去，它很快將成為國家唯一的權力。在社會主義政府下，其他權力將法存在。這意味著，我們歷經的種種革命，最終可能只是將權力從君主手中轉移到了匿名的、不受監督的官僚階層。

預測未來所有可能引發衝突的議題是絕不可能的。我們既不能過度悲觀，也不能過度樂觀；我們所能做的，就是相信必然性最終會將所有事物導向平衡。世界自有其運行之道，不會因我們的言語而改變。遲早我們都能適應環境的變化。困難之處在於如何盡量減少摩擦，更重要的是要抵制那些夢想家的幻想。這些人總是想改造世界，卻往往讓世界更加困擾。

雅典、羅馬、佛羅倫薩以及許多其他曾在歷史上燦爛過的城市，都曾是這些可怕理論家的受害者。他們的影響力所帶來的結果始終如一：無政府狀態、獨裁統治和衰敗。

但是這樣的教訓，對當今許多的「卡提林們」（Catiline，譯註：羅馬的政治家）來說毫無影響。他們尚未意識到，由他們野心所引發的浪潮，可能將自己淹沒。所有這些烏托邦主義者在群眾心中喚醒了不可能的希望，激起了他們的欲望，並破壞了幾個世紀以來慢慢建立起來以約束他們的堤壩。

歷史上，盲目的群眾與具有遠見的精英之間的衝突不斷上演。當缺乏制衡的民粹主義盛行時，許多文明走向了衰落。精英階層負責創新，而大眾則往往扮演破壞者的角色。一旦精英失去掌控，群眾便會開始展現其破壞性的一面。

偉大的文明之所以能繁榮昌盛，往往是因為成功地控制了社會中的低下階層。不僅在古希臘，許多文明都曾因民主的暴政而走向衰落，最終導致無政府狀態、獨裁統治、外族入侵，甚至喪失獨立。個人暴政的根源往往在於集體的暴虐。羅馬帝國的第一次衰落便是如此，而蠻族的入侵只是加速了這一過程。

Conclusion

結論

　　本書提到歐洲歷史上主要的革命。然而，但我們更關注的是其中最重要的一場革命——這場革命在二十多年的時間裡席捲了整個歐洲，至今仍能聽到世人對它的評價。

　　法國大革命就像一座取之不盡的心理學文獻寶庫，在人類歷史上，從來沒有哪一個時期在如此短的時間內累積了如此大量的經驗。

　　在這部偉大戲劇的每個場景，我們都能發現在各種著作中所闡述的原則，這些原理探討了群眾易變的心理與民族深層的文化精神、信仰的力量、以及情感、神祕、集體意識等非理性因素如何影響人們的行為，同時也揭示了不同思維邏輯之間的衝突。

　　革命集會說明了群眾心理的所有已知法則。他們衝動而膽怯，由少數領導者主導，通常採取的行動與個體成員的意願背道而馳。

　　君主立憲會議摧毀了古老的君主制；人道主義的立法議會默許了九月大屠殺。 同一個和平的機關，卻領導法國走上了最可怕的戰役 。

　　在國民公會期間也存在類似的矛盾。絕大多數成員都憎惡暴力。他們崇尚平等、博愛和自由，這些多愁善感的哲學家，最終卻實施了最可怕的專制主義。同樣的矛盾在督政府時期也顯而易見。起初，議會的意圖非常溫和，但卻不斷進行血腥的政變。他們希望重建宗教和平，最終卻將數千名神職人員送入監獄。他們希望修補覆蓋法國的廢墟，但卻只成功增加了廢墟的面積。

　　因此，革命時期人們的個人意志，與他們所屬議會的行動之間，始終存在著完全的矛盾。

　　事實上，他們服從的是無形的力量，遵守這種力量的一切命令。雖然他們自認為是出於純粹的理性，但實際上卻受到神祕、情感和集體的影響，這些影響對他們來說是難以理解的，我們直到今天才剛開始明白這些影響力。

　　智慧在歷史長河中不斷進步，為人類開啟了非凡的前景。然而，人類的本性，也就是其思想的真正基礎和行動動機，卻幾乎沒有改變。 即使一時被壓抑，它也會在下一刻重新浮現。因此，

我們必須接受人類本性的原樣。

革命的創始人並未向人性的現實妥協。他們首次在人類歷史上嘗試以理性之名改造人類和社會。

從未有任何事業在如此有利的條件下開始。那些聲稱能夠實現它的理論家，手中握有比任何暴君更大的力量。

然而，即使擁有強大的力量、即使軍隊取得勝利、即使實施了嚴酷的法律和多次政變，革命只是在廢墟上堆砌更多的廢墟，最終走向了獨裁統治。

這樣的嘗試並非無用，因為群眾需要藉由經驗才能得到進一步的教育。如果沒有革命，很難證明純粹的理性無法改變人性，因此，無論立法者擁有多麼絕對的權力，都無法依靠他們的意志重建社會。

由中產階級為了自身利益而開始的革命，迅速成為一場人民運動，同時也是本能對抗理性的鬥爭，是對所有野蠻文明所受束縛的反抗。改革者試圖依循人民主權的原則來施行他們的教條。在領導人的引導下，人民不斷干預議會的辯論，並訴諸最血腥的暴力行為。

透過法國大革命時期群眾的所作所為，我們可以深刻地認識

到，將人民視為完美無瑕的群體是錯誤的。許多政治家以往都會有這樣錯誤的認知。

事實上，革命教導我們，一個從社會約束中解放出來的人民，一旦失去文明基礎，放任其本能衝動，很快就會倒回原始的野蠻狀態。每一次成功的群眾革命都是一次短暫回歸野蠻的狀態。如果1871年的巴黎公社持續下去，它將會重演恐怖的情景。由於沒有能力殺害這麼多人，它只能把目標限制在焚燒首都的主要紀念碑。

大革命代表了從束縛中解放出來的心理力量之間的衝突，這些束縛的功能就是要抑制它們。大眾的本能、雅各賓派的信仰、祖先的影響、慾望和肆虐的激情，不同的勢力互相廝殺長達十年，在這十年間，法國被鮮血浸透，各地滿目瘡痍。

從遠處看，這似乎就是革命的全部結果，但它並非是一致的。必須進行分析才能理解和掌握這場偉大的戲劇，並展示驅動英雄衝動的動機究竟為何。在正常時期，我們受各種形式的邏輯所引導，包括理性的、情感的、集體的和神祕的，它們或多或少地完美平衡著彼此。然而在動盪不安的時期，這些邏輯會互相衝突，人也就迷失了自己。

在這本著作中，我們絕對沒有低估革命在取得人民權利的某些成就。然而，與許多其他歷史學家一樣，我們不得不承認，即使沒有付出如此巨大的毀壞和流血的代價，文明的進步也遲早會輕易地取得這個獎賞。為了贏得幾年時間，卻背負了如此沉重的物質災難和道德淪喪！後者的影響，至今仍使我們深受其苦。歷史書中這些野蠻篇章，將需要很長的時間才能抹去。

現在的年輕人似乎更偏好行動勝於思考。他們不屑哲學家那些枯燥的論述，對未知事物的空洞辯論也毫無興趣。

行動確實扮演著重要的角色，真正的進步都是行動的結果，但只有在正確引導下才有用。革命中的人無疑是行動派，但他們卻接受幻覺作為行動指引，導致國家走向災難。

當行動蔑視現實，激進地宣稱要改變事件的進程時，總是會帶來傷害。我們不能像在實驗室裡對待儀器那樣的對待社會。政治上的動盪不安，正是展示了此類社會錯誤的代價。

雖然革命的教訓極其明確，但許多不切實際的思想家，沉迷於幻想之中，希望重新點燃革命之火。社會主義，是這種希望的現代綜合體，導致人類文明倒退。它會消滅個人主動發揮才能的動力，使人們變得被動。當個人主動性和責任感被集體所取代

時，人類將在道德價值的階梯上向下滑落。

現在的時刻對於這樣的實驗來說並不適合。當那些夢幻者沉迷於追求夢想、挑動群眾的慾望和激情時，各個民族卻每日都更加強大地武裝自己。所有人都感受到，在當今激烈的競爭中，弱小國家根本毫無立足之地。

在歐洲的中心，一個強大的軍事力量正日益壯大，並渴望主宰世界，以尋找其商品的銷路和其不斷增長人口的生存空間。

如果我們繼續因內部鬥爭、黨派對立、毫無根據的宗教迫害，以及阻礙產業發展的法律而破壞凝聚力，我們在世界舞台上的角色將很快結束。我們將不得不為更團結的人們騰出空間，他們能夠適應自然法則，而不是假裝逆轉他們的進程。歷史不曾重演，過往的點滴皆藏著未知的變數。但縱觀歷史長河，萬物演變皆遵循著亙古不變的規律向未來前進。

國家圖書館出版品預行編目（CIP）資料

革命心理學：烏合之眾的信念與狂熱 / 古斯塔夫‧勒龐（Gustave Le Bon）著；
葛沁 譯. | 初版. | 新北市：大寫出版：大雁出版基地發行, 2025.1
368面；14.8x20.9公分.（知道的書Catch on! ; HC0109）
譯自：The Psychology of Revolution
ISBN 978-626-7293-91-1（平裝）

1.CST: 群眾心理學　2.CST: 社會心理學　3.CST: 法國大革命

541.773   113016724

革命心理學：烏合之眾的信念與狂熱
The Psychology of Revolution
古斯塔夫‧勒龐（Gustave Le Bon）　著

書系｜知道的書Catch on!　書號｜HC0109

著　　　者　古斯塔夫‧勒龐 Gustave Le Bon
譯　　　者　葛沁
行 銷 企 畫　廖倚萱
業 務 發 行　王綬晨、邱紹溢、劉文雅
總 編 輯　鄭俊平
發 行 人　蘇拾平

出　　　版　大寫出版
發　　　行　大雁出版基地 www.andbooks.com.tw
　　　　　　地址：新北市新店區北新路三段207-3號5樓
　　　　　　電話：(02)8913-1005 傳眞：(02)8913-1056
　　　　　　劃撥帳號：19983379　戶名：大雁文化事業股份有限公司

初 版 一 刷　2025年1月
定　　　價　450元
版權所有‧翻印必究
ISBN 978-626-7293-91-1
Printed in Taiwan‧All Rights Reserved
本書如遇缺頁、購買時即破損等瑕疵，請寄回本社更換

| 內頁插圖 |

此系列作品為理查‧道爾（Richard Doyle）1851
年的創作——《前往萬國博覽會的陸路旅程》
（*An overland journey to the Great Exhibition*）。道
爾以誇張、趣味的人物形象，諷刺各國參加倫敦
萬國博覽會的狀況。原作目前收藏於大都會藝術
博物館（The MET Museum）。